U. S. Levin
Herr Doktor, tut das weh?

U.S. Levin (d.i. Pseudonym), geb. 1960, schrieb seit 1991 zahlreiche satirische Texte für die LVZ, publizierte vorwiegend in Tageszeitungen wie der *Sächsischen Zeitung*, dem *Nordkurier*, der *Freien Presse*, der *Magdeburger Volksstimme*, der *Ostthüringer Zeitung* und der Satirezeitschrift *Eulenspiegel*. Seit 1995 veröffentlichte er seine Satiren in zahlreichen Büchern. U.S. Levin lebt als freischaffender Autor in Markkleeberg.

Peter Dunsch (PeDu), geb. 1947 in Leuna, trat 1984 in einen Magdeburger Zeichenzirkel unter Gerd Bunzenthal ein, nahm Unterricht bei dem Magdeburger Zeichenlehrer Wilhelm Paulke und Konsultationen beim Karikaturisten Arthur Epperlein in Halle (Saale). Nach ersten Zeichnungen für Zeitschriften folgen Buchveröffentlichungen als Karikaturist und Illustrator, u.a. für U.S. Levin. Er lebt in Magdeburg.

U. S. Levin

Herr Doktor, tut das weh?

Satiren zur Wund- und Wunderbehandlung

Mit Zeichnungen von Peter Dunsch

mitteldeutscher verlag

2019

www.mitteldeutscherverlag.de

Umschlagabbildung: Peter Dunsch
Gesamtherstellung: Mitteldeutscher Verlag, Halle (Saale)

ISBN 978-3-96311-012-2

Printed in the EU

Inhalt

Vorwort, oder: Herr Doktor, tut das weh?

Frauen gehen, das ist statistisch mehrfach belegt, häufiger zu Ärzten als Männer. Logisch! Frauen müssen niemandem etwas beweisen, müssen keinem Härte vortäuschen, können sich völlig ungezwungen in ihren Körpern verwirklichen. Mit anderen Worten: Frauen sind Leibeigene. Und sie lieben ihre Körper, mit allen Ecken und Kanten, den ausladenden Rundungen und den schwabbligen Wärmepolstern, die sich dezent um Bauch und Hüfte schwingen. Sie hängen an jedem Gramm und umgekehrt. Frauen hören auf ihre innere Stimme, und wenn ihnen diese zuflüstert: Mammografie! – stürzen sie zum nächstbesten Busengrapscher im Kostüm eines Arztes.

Männer sind da völlig anders, nicht nur, weil sie diese Form der Vorsorgeuntersuchung für sich selbst ablehnen. Gerade meine Generation der Babyboomer bekam nämlich während der Kindheit Sätze zu hören wie: *„Hör auf zu heulen, du Memme!“* Ganz beliebt war: *„Ein Indianer kennt keinen Schmerz!“* Oder: *„Bis zur Hochzeit ist alles wieder verheilt.“* Ebenfalls ein Favorit: *„Flenne hier nicht rum, sonst wirst du nie ein Mann!“*

Auch ich wurde in diesem autoritären und für Kinder sehr gewaltbereiten Zeitgeist erzogen. Das hat Spuren hinterlassen, nicht nur in der Unterhose. Meine Erziehung hat mich zu dem gemacht, was ich heute bin, ein Hypochonder, der ständig in sein tiefstes Inneres hineinhorcht, ob nicht Krankheiten und damit verbunden Schmerzen, Arztbesuche oder Klinikaufenthalte unmittelbar bevorstehen wie ein Vulkanausbruch auf Bali.

Und jetzt kommt das, was ich anfangs bereits angesprochen habe: Obwohl Männer seltener zum Arzt gehen als Frauen, stellen sie die größere Gruppe unter den Hypochondern. Ärzte mögen sie nicht, vielleicht weil die Mediziner eine intellektuelle Konkurrenz fürchten. Der Hypochonder ist, dank des Internets, gebildet – neben seinen unzähligen Krankheiten, da ist er eingebildet. Er liest sämtliche Fachjournale, verschlingt regelmäßig die Apothekenumschau, schmökert im Senioren- und Diabetesratgeber und ist angemeldet auf allen interaktiven Patientenforen. Und obwohl er panische Angst vor Weißkitteln hat, es könnte ja was Ernstes und die Phantomschmerzen echt sein, drängt es ihn zu den Sprechstunden aller Fachärzte.

Neben dieser permanent schwelenden Angst, akut zu erkranken, leide ich zudem unter einer sehr niedrigen Schmerzgrenze. Narkosefreie Behandlungen lehne ich prinzipiell ab. Eine örtliche Betäubung ist das Mindeste. Bevorzugt nehme ich ärztliche Leistungen unter Vollnarkose entgegen. Eine manifestierte Schmerzphobie wurde von mehreren Fachkollegen übereinstimmend diagnostiziert. Bereits der blanke Anblick einer Kanüle bei der Grippeschutzimpfung füllt mir die Schlüpfer wie die Waffel an einer Softeismaschine.

„Herr Doktor, tut das weh?"
„Naja, ich sag's mal so, Ihnen nicht!"

Deshalb meine ängstliche Frage, ehe der Arzt zu seinen Folterinstrumenten greift: „Herr Doktor, tut das weh?" Diese ausgeprägte Panik vor körperlichem Schmerz setzt mir emotional dermaßen zu, dass ich immer und überall nach einer Betäubung verlange, letztens sogar beim Friseur.

Aber, und nun halten Sie sich fest: Das hat mich zu einem außerordentlich empathischen Menschen gemacht. Ich kann für andere, die körperliche Qualen erleiden müssen oder erleiden mussten, Mitgefühl empfinden. Auf einer Skala von Eins bis Zehn soll ja der Geburtsschmerz die Zwölf belegen. Bei meiner Tochter hat sich die Geburt meines Enkels über zwanzig Stunden hingezogen. Mein Gott, was muss mein liebes Mädel für barbarische Schmerzen ertragen, welch höllische Qualen erlitten haben. Regelrecht um eine Schmerzspritze angefleht hat sie ihre Geburtshelfer. Doch diese gefühllosen Stümper haben ihr eine Periduralanästhesie, wie sie Langzeitgebärenden gern verabreicht wird, eiskalt verweigert, obwohl sie als Beamtin privatversichert ist. Und dann, als nach vierundzwanzig Stunden die erste Hebamme wieder zum Dienst erschien, trat die Entbindung endlich in die heiße Endphase, bis meine Tochter kurz darauf von ihren Wehenschmerzen erlöst wurde.

Als wir sie am Abend in ihrem Einzelzimmer besuchten und sie uns, noch schwach und von den zurückliegenden Ereignissen gezeichnet, berichtete, krampften sich bei mir sämtliche Unterleibsmuskeln zusammen. Und um ihr Trost und Beistand zu spenden, sagte ich zu ihr: „Siehst du mein Kind, und das mache ich jeden Morgen durch.“

Übrigens – ich habe diese Information aus verlässlicher Quelle – wurde vor Kurzem in einer größeren Thüringer Stadt eine Notfallklinik für erkältete Männer eröffnet, mit allem was dazugehört: Notaufnahme, Intensivstation und angeschlossener Pathologie. Wenn Männer krank werden, dann aber richtig!

Lieber Nachsorge als Vorsorge

Wenn unsere Volksgesundheit wüsste, wie schlecht es um sie bestellt ist, würde sie sich einen Strick nehmen, und das nicht zum Seilspringen. Immer mehr Vorsorgeuntersuchungen werden gestrichen, also nicht farblich, sondern ersatzlos. Und dafür gibt es einen triftigen Grund: Erst an Kranken kann man so richtig verdienen. Das ist wie beim Auto. An den Inspektionen wird gespart und beim Kolbenfresser draufgezahlt.

Die krankenversicherten Beitragszahler hängen wie Milchkühe an den Melkmaschinen der Pharmariesen. In einer überalternden Gesellschaft boomt auch das Geschäft mit Hilfsmitteln. Plötzlich bringt der Weihnachtsmann Wannenlift, Haftcreme, Toilettensitzerhöhung oder einen tiefergelegten Rollator. Statt Wollsocken gibt es Stützstrümpfe. Und auch bei Apothekern klingelt ordentlich die Kasse. Lediglich Gynäkologen, die Grottenolme der Humanmedizin, müssen Abstriche machen.

Von Pharma-Lobbyisten gehätschelte Politiker stehen dann mit hängenden Schultern da und wundern sich über die astronomischen Summen, die das Gesundheits-Unwesen verschlingt, wie ein Adipositiver seine Fritten runterwürgt. Inzwischen ist das ganze Land auch flächendeckend durchzogen von Reha-Kliniken, die frisch Operierte von den OP-Tischen reißen, um neben den Chirurgen ebenfalls einen guten Schnitt zu machen. Irgendwann entdeckte ein findiger Gesundheitsapostel, dass sich auch noch nach Operationen Geld verdienen lässt, und erfand die AHB, die Anschluss-Heil-Behandlung. Chronisch Kranken ist die Reha vorbehalten. Zeit, der Sache mal auf den Grund zu gehen:

Wann immer ich einen Kaffee bestelle, kommt prompt die Frage: „Mit Zucker?“

„Nein, danke“, antworte ich mit der mir gebotenen Freundlichkeit, „den habe ich selber.“ Ich habe keinerlei Probleme, offen darüber zu reden, auch wenn dem Wort *Diabetiker* etwas Abwertendes anhaftet, ähnlich wie den Begriffen Alkoholiker, Drogenkurier, Exhibitionist, Sozialschmarotzer oder Landtagsabgeordneter.

Eines Tages war mein Diabetologe Herr Dr. Schönfelder mit meiner Einstellung alles andere als zufrieden. Meine Blutzuckerkurve schwankte wie ein Seemann, der nach Mitternacht aus der Hafenkneipe torkelt. Mein Arzt sah mir tief in die Augen und meinte: „Sie könnten sich Ihr Insulin auch pumpen.“

„Wie pumpen!?“, rief ich erschrocken. „Will die Krankenkasse das Zeug später zurückhaben?“

„Nein, nein“, lachte Herr Dr. Schönfelder, „ich rate Ihnen zu einer Insulinpumpe.“

Ich dachte einen Augenblick nach. Fortschritt ist nicht dadurch aufzuhalten, dass man ihn ignoriert.

Und vielleicht bringt das sogar etwas. Dem Pumpenhersteller auf jeden Fall.

„Ich müsste Sie allerdings zu einer Reha schicken", erklärte er, „dort wird man die Pumpeneinstellung vornehmen."

Da ich noch nie eine Reha-Klinik von innen gesehen hatte, ahnte ich natürlich nicht, was mir bevorstand. In den schlaflosen Nächten vor meiner Abreise träumte ich von geilen Zimmerfeten mit scharfen Patientinnen und von kuscheligen Tanzabenden. Vor meinem geistigen Auge rekelten sich verführerische und willenlose Therapeutinnen. Ich aalte mich mit gierigen Nymphomaninnen in entspannenden Moorlaugen. Mit anderen Worten: Eine Wonne in der Wanne!

Keine Ahnung, wieso in meinem Gehirn derart schmutzige Fantasien herumgeisterten. Möglicherweise lagerten in den Abgründen meines Unterbewusstseins Bilder und Szenen eines Films, den ich vor über zwanzig Jahren völlig widerwillig und mit tiefstem Abscheu anschauen musste, da ich ihn aus der Videothek geholt hatte. Er trug den belanglosen Titel: „Scharfe Schwestern bei Dr. SEX". Und er war ziemlich obszön – aber schön.

Als ich in der Fachklinik für Innere Angelegenheiten wie Herz, Magen-Darm und Stoffwechselerkrankungen eintraf, glaubte ich zunächst, mich in der Adresse vertan zu haben. Auf den Parkbänken im Eingangsbereich dösten hochbetagte Patienten, deren Lebensjahre zusammengerechnet bis zum Dreißigjährigen Krieg zurückreichten. Ich hatte das Gefühl, in einem Pflegeheim gestrandet zu sein.

Zimmerfeten mit Alkoholexzessen Fehlanzeige! Im Gegenteil: Gemäß Hausordnung herrschte striktes Alkoholverbot. Dabei hatte ich im Kofferraum drei Kästen Bier und eine Stiege Jägermeister. Statt Pilsner, Rotwein oder Kräuterlikör quälte man die Rehabilitanden mit stillem Wasser, Früchtetee und Buttermilch – eine grenzwertige Form der oralen Folter.

Der Klinikalltag verlief hektisch. Patienten hasteten im Eilschritt von einer Behandlung zur nächsten. Unweigerlich wurde ich an meinen Grundwehrdienst erinnert, der über Monate hinweg im Laufschritt erfolgte. Die Ähnlichkeiten zum Klinikleben waren verblüffend. Als Soldat wie auch als Patient war man einem auf Zucht und Ordnung getrimmten Regime ausgeliefert, das es genoss, den Willen seiner Untergebenen zu brechen. Zermürbt schlich ich wie der Schatten meiner selbst durch die endlosen Flure und unterwarf mich widerspruchslos dem medizinischen Wachpersonal.

Abends wurde den von Sport- und Bewegungstherapien ausgelaugten Patienten ein kulturelles Programm aufgenötigt. Vor allem musikalisch gequälte Darbietungen produzierten neue Tinnitusopfer. Laiensänger mit Kinderchorerfahrung krächzten sich durch deutsches Liedgut. Besonders amüsant war der Gesang einer lispelnden Heulboje. Der Diavortrag eines ortsansässigen Ureinwohners war so eintönig, dass man ihn als autogene Schlaftherapie hätte anbieten können. Er zeigte Aufnahmen, die noch aus der Zeit vor dem Farbfilm stammen mussten. Jedes Motiv in dutzenden langweiligen Variationen. Und immer mit auf den Bildern seine Frau mit Strickmütze. Diese wiederum war eine Augenweide, also die Mütze.

Der Zauberkünstler allerdings, ein Magier im magischen Alter von gefühlten neunzig Lebensjahren, war echt klasse. Er zeigte Tricks, die wir schon im Sandkasten ausprobiert hatten. Dabei bewegte er sich mit der rasanten Geschwindigkeit einer flüchtenden Weinbergschnecke. Mühelos konnte man sehen, wie er die geheimnisvolle Karte aus dem Ärmel zog oder im Zylinder unter den doppelten Boden griff.

Am nächsten Tag nahm ich zwei meiner Bücher, zeigte sie dem Klinikchef und bot ihm eine humoristische Lesung an. Kurz angebunden lehnte er ab.

„Ohne Honorar“, lockte ich.

„Ich sagte NEEEIIIN!“

„Aber sehen Sie, Lachen ist die beste Medizin.“

„Eben deshalb bin ich nicht interessiert.“

Den Klinikchef zu überzeugen war so aussichtsreich, wie einen FDP-Politiker für die bundesdeutsche Jamaika-Koalition zu begeistern.

„Gehen Sie lieber zur morgigen Veranstaltung!“, riet er mir.

„Die Modenschau?“

„Harry's Frivole Modenschau", verbesserte er mich, „so was brauchen wir hier."

Der Vortragsraum war rappelvoll. Zwei Notärzte und ein paar Schwestern in Dienstkleidung saßen in der letzten Reihe. Pünktlich um sieben erklang Joe Cockers „You Can Leave Your Hat On". Harry, der Moderator, sprang in den Vortragsraum und riss die Arme nach oben: „Und hier ist wieder Euer Harry mit der *Frivolen Modenschau*!", grölte er ins schläfrige Publikum. „Heute wird Ihnen ein wahrer Festschmaus geboten. Halten Sie den Atem an, denn so etwas bekommen Sie nicht jeden Tag geboten, jedenfalls nicht zu Hause bei Mutti", er wandte sich an die Damen, „oder bei Vati. Und jetzt möchte Ihnen die reizenden Modelle des heutigen Abends vorstellen."

Zwei junge bildhübsche Mädels, ein etwas reiferes, aber dennoch attraktives Model sowie ein junger Bursche schwebten in den Saal. „Hier sehen Sie die reizende Anja, die verführerische Marie-Luise, die unwiderstehliche Linda und den feschen Kevin."

Vereinzelte Patienten spendeten müde Beifall.

„Das habe ich doch schon mal lauter gehört!", versuchte er den Patienten einzuheizen. Der Applaus verstärkte sich um ein, zwei Dezibel.

„Oho, ein Lebenszeichen!", lobte er und sagte weiter: „So, meine Lieben. Während sich die Modelle umziehen, sage ich etwas zur heutigen Veranstaltung. Die Mode in dieser Saison ist geprägt von einem gewagten

Eskapismus, einer frischen Synthese aus Urbanität und Abenteuerlust. Deshalb geht es im ersten Teil um lockere Outdoor- und Trekkingmode. Vor noch gar nicht allzu langer Zeit, Sie erinnern sich, da zeugten Fleece-Pullis, Allwetter-Jacken oder Ranger-Hosen für einen schlechten Stil. Doch sehen Sie selbst, was mit Kreativität aus scheinbar belangloser Bekleidung für den Wanderer für tolle Mode entstehen kann."

Die Modelle traten einzeln in den Vortragsraum, schlenderten graziös durch die Reihen, blieben hin und wieder stehen, um sich leger um die eigene Achse zu drehen, die Jacke abzustreifen und mit einem lässigen Schwung über die Schulter zu werfen. Der Moderator erklärte die einzelnen Exponate, und während die Modelle zum Umkleiden den Saal verließen, kündigte er die nächste Kollektion an – eine erfrischende Sommermode.

„Schals und Tücher prägen das diesjährige Sommer-Outfit. Ansprechende Accessoires für die modebewusste Frau. Dabei sind die Schals üppig gemustert. Es überwiegen folkloristische Akzente mit orientalischen Mustern. Doch auch Paisley und Karo sind angesagt. Marie-Luise zeigt Ihnen ein leichtes Kleid, passend darauf abgestimmt ein Tuch, verziert mit kleinen Quasten."

Das Modell flanierte mit einem breiten Grinsen durch den Mittelgang. Unter dem leichten Stoff hoben sich wie ein kaukasischer Gebirgszug zwei wunderschön geformte Brüste ab. Während die weiblichen Zuschauer interessiert die Tücher musterten, saßen die bisher recht gelangweilten Herren schlagartig mit geraden Rücken, als hätten sie eine Dachlatte – im Kreuz.

„Ich darf mich nicht aufregen, wegen meinem Zucker!"
„Gib nicht so an, der zuckt doch schon lange nicht mehr!"

Und dann kam der Teil, der wohl das Adjektiv *frivol* begründete: Die Präsentation von Strandmoden. Die weiblichen Modelle zeigten verschiedenfarbige Röcke, die so knapp geschnitten waren, dass sie wohl zu den Kurzwaren zählen mussten. Darüber trugen sie weiße oder helle T-Shirts locker über dem Bund. Der

Moderator hob den bequemen Tragekomfort hervor und wies darauf hin, dass auf den einschnürenden BH verzichtet werden kann. Wie zum Beweis seiner Worte rissen die drei Laufsteg-Schwalben gleichzeitig ihre T-Shirts hoch. Man wusste gar nicht, wohin man zuerst weggucken sollte. So viel nackte Haut bekommt man nicht einmal in einer dermatologischen Klinik zu sehen.

Ein „Oh!“ und „Ah!“ raunte durch die Reihen, und erste Herzpatienten griffen, um Luft hechelnd, an die frisch eingeschraubten Herzklappen, andere an die erst vor wenigen Tagen eingefädelten Bypässe. Dann schlenderten die Mannequins graziös durch die Reihen und stellten offensichtlich bei ausgewählten Patienten eine Fußspitze auf die Sitzfläche. Ein älterer Herr aus der dritten Reihe stieß plötzlich einen erstickenden Seufzer aus und brach in sich zusammen wie ein gesprengter Industrieschornstein. Was genau passiert war, konnte ich nicht sehen, denn Anja, das blonde Traummodell, versperrte mir die Sicht. Einer der beiden Notärzte sowie zwei Schwestern brachten den abgeschmierten Herrn auf die Intensivstation.

Inzwischen hatte sich Linda, das reifere Modell, eine Frau von Anfang vierzig, hinter meinem Rücken unbemerkt angeschlichen. Ich blickte plötzlich in ihre tiefblauen Augen, die mich verführerisch auffraßen. Mein Hals war trocken wie ein Saale-Unstrut-Riesling. Sie schnalzte mit der Zunge, dass ich alles um mich herum vergaß. Und dann passierte das Unfassbare. Ich bin mir sicher, dass Sie das nicht glauben werden. Aber es hat sich, darauf würde ich den hippokratischen Eid schwören, wirklich so zugetragen – oder ähnlich. Lasziv hob sie ihr rechtes Bein, stellte die Fußspitze auf mein rechtes Knie. Der ohnehin viel zu kurze Rocksaum rutschte in ihre Hüftbeuge und gab den Blick auf ihr magisches Bermudadreieck frei, wo ich ein fesches Höschen vermutet hätte. Aber Fehlanzeige! Sie hatte vermutlich im Stress der Aufführung vergessen, ihren Slip überzustreifen. Meine Blicke endeten in wahrhaft nackten Tatsachen. Nichts, aber auch gar nichts verbarg ihren vertikalen Faltenwurf. Sie war, wie ein Nachrichtensprecher der Tagesschau, total glattrasiert. Ich spürte plötzlich beidseitige Schluckbeschwerden und fühlte mich wie ein demenzkranker Höhlenforscher, der vorm Eingang steht und nicht mehr weiß, wie es weitergeht.

In diesem Moment schoss mein Blutzucker durch die Decke wie einst das HB-Männchen. Bei koronaren Patienten flatterten die Herzklappen wie die Nationalfahnen vorm EU-Parlament. Den Magen-Darmpatienten drehte es die Eingeweide um und mehrere Diabetiker erlitten schwere Stoffwechselentgleisungen.

Auch die Präsentation der Bade- und Dessousmoden hatte es in sich. Die Teile waren aus transparentem Stoff. Geeignet für die heutige Politikergeneration: Seht her, wir sind durchschaubar! Als Kevin eine Badehose in Form eines Elefantenkopfes auf seinem athletischen Körper zeigte, kreischten Patientinnen laut auf. Besonders der gut gefüllte Rüssel hatte es den Damen angetan.

Die Notärzte wie auch die Schwestern waren jetzt im Dauereinsatz, kümmerten sich um ohnmächtige Patienten wie um Verwundete im Stellungskrieg. Etwas besser dran waren die Diabetiker, denen der Blutzuckeranstieg zunächst keine akuten Probleme bereitete. Aber es würde Tage dauern, bis sie sich von dieser Aufregung erholt hätten und ihre Zuckerkurven in medizinisch vertretbare Bereiche zurückgekehrt wären.

Der Oberarzt war alles andere als zufrieden.

„Herrje, herrje", stöhnte er beim Anblick meiner Blutzuckerwerte. „Das gefällt mir ganz und gar nicht."

„Keine Sorge, Herr Doktor", beruhigte ich den Arzt, „das lag nur an der Modenschau."

„Aber Herr Levin, wenn Sie derart sensibel auf ein paar weibliche Reize reagieren, dann kann ich Sie unmöglich nach Hause schicken. Wann haben Sie Diabetes bekommen?"

„Mit Anfang vierzig, Herr Doktor."

„Nicht zu fassen, und dann eine solche Entgleisung. Aus Therapiegründen gehen Sie nächste Woche noch einmal zur Modenschau!"

„Aber ich fahre nächste Woche nach Hause."

„Wir haben bereits eine Verlängerung veranlasst. So können wir Sie unter gar keinen Umständen entlassen.

Und nun mal ehrlich: Ist Ihr Zuckerspiegel auch derart angestiegen, als Sie ihre Frau das letzte Mal nackt gesehen haben?“

„Das weiß ich nicht, da war ich noch kein Diabetiker.“

Ruhe sanft!

Was haben Krankenhäuser und Friedhöfe gemeinsam? – Viel Kundschaft, aber wenig Personal. Es gibt allerdings noch eine zweite Übereinstimmung. Die Besuchszeiten sind freizügig geregelt und tagsüber fast uneingeschränkt möglich. Und noch eine weitere Gemeinsamkeit lässt sich nicht von der Hand weisen. Die Besuchsopfer können sich nicht wehren, egal, ob sie über oder unter der Erde liegen.

In Kliniken gelten starre Besuchszeiten als Relikt der Vergangenheit. Leider, denn die Patienten konnten sich seelisch und moralisch auf die Verwandtenbesuche einstellen, die mit billigen Schnittblumen und seifig schmeckendem Konfekt vom Discounter vor ihren Krankenlagern aufkreuzten. Zähneknirschend duldeten alte Klinikärzte früher lediglich zwei Besuchsnachmittage, meist Mittwoch und Sonntag – allerhöchstens zwei Stunden. Ihrer Auffassung nach konnte die Aufregung eines Krankenbesuches binnen kürzester Zeit tagelange Heilungserfolge zunichtemachen.

Die ärztliche Meinung über Krankenbesuche hat sich gewandelt, spätestens seit die Gesundheitspsychologie, ein noch junger Spross der klassischen Psychologie, auf den Plan getreten ist. Diese behauptet nämlich: Alles Unsinn! Besuche mit ihrer sozialen Bindung und der damit verbundene Kontakt zur Außenwelt hellen den tristen Klinikalltag auf und sind dem Heilungsprozess zuträglich. Zudem darf die Besuchszeit nicht vorgeschrieben werden. Der Kranke befinde sich schließlich nicht in einem Hochsicherheitstrakt und hat als freier Bürger das Recht, Besucher zu empfangen, so oft und so lange es seine Gäste nur wollen.

Ich kann mich für diese Auffassung nicht erwärmen, plädiere vehement für die Ansicht der alten Ärztegeneration. Die postmoderne Meinung dieser neuromuskulären Synapsenfuzzis kostete nämlich meinem Kumpel Hans-Peter sein einziges Leben. Hätte er sich nach seiner Herzklappen-OP nur eine einzige Woche in Ruhe von den Strapazen des chirurgischen Eingriffs erholen können, würde er noch unsere mit Feinstaub und Stickoxid angereicherte Luft atmen können.

Stattdessen wurde, den Forschungsergebnissen dieser Hirnakrobaten geschuldet, Brigitte, oder wie wir sie nannten Gitte, zu ihrem Gatten vorgelassen. Gerade Gitte mit ihrer diplomatischen Grobmotorik. Als hochrangige Politikerin wäre sie imstande, ganze Weltkriege vom Zaun zu brechen. Sie ist wie der sprichwörtliche Elefant im Porzellanladen, vor allem körperlich. Wo sie hintritt, wächst kein Gras mehr, in das ihre Opfer beißen könnten.

Als Hans-Peter, ausgemergelt wie ein Triathlet am Morgen nach dem Ironman, im Türrahmen die unverkennbare Silhouette seiner Witwe in spe erblickte, begann sein rechter Herzmuskel zu zucken, wie ein an

Land gespülter Fisch nach Luft schnappt. Letztendlich hatte er sein koronares Leiden auch der barbarischen Brutalität seiner sadistisch veranlagten Frau zu verdanken. Seine Ehe ähnelte der Menschheitsgeschichte eines prähistorischen Frühstadiums – körperliche Gewaltexzesse, sexuelle Übergriffe, die immer von Gitte ausgingen, und psychische Unterdrückung gehörten zu ihrem Ehealltag.

Die Herzklappen kamen gerade recht, um nicht abzuklappen und Abstand in sein standesamtlich reglementiertes Martyrium zu bringen. Seine flüchtigen Gedanken kreisten nur um eines, der Flucht vor dieser gewaltigen, vor allem aber gewaltbereiten Matrone, die nicht nur mehr als das Doppelte von ihm wog, sondern nach dem Betreten des Patientenzimmers mit dem verschmitzten Lächeln einer überlegenen Mörderin an sein Bett trat – mit dem rechten Fuß.

„He“, rief Gitte höhnisch, „aufwachen, Schlafmütze!“

Hans-Peter kostete es unglaublich viel Kraft, seine Augen zu öffnen, und noch mehr Mühe, sie offen zu halten. Er hauchte ein energieloses: „Haaallooo!“

„Ich habe eine gute und eine schlechte Nachricht“, begann Gitte, ohne Rücksicht auf seinen instabilen Zustand. „Die alte, morsche Mauer brauchst du nicht mehr einzureißen.“

In dieser Sekunde brachen wohl tausend Gedanken über Hans-Peter herein: „Was ... was ist ... ist dann ... dann die schlechte?“

„Das war die schlechte." Und mit mütterlichem Stolz fügte Gitte hinzu: „Und die gute: Daniel kann schon Auto fahren."

„Aber er ist … ist erst zwölf!"

„Nun reg dich nicht so auf! Er ist ja nicht weit gekommen."

„Und die … die Mauer?"

„Stand im Weg."

„Mein Wagen, … mein schöner … neuer Wagen", jammerte der frisch Operierte.

„Nach Daniel fragst du wohl gar nicht!"

„Was ist … ist mit ihm …?"

„Nächste Woche wollen ihn die Ärzte aus dem Koma holen … Hans-Peter, Hans-Peter! Was ist … was ist mit dir? Ein Arzt! Schnell, ein Arzt!"

Mit einem weinenden Auge verließ Gitte die Klinik. Mit einem lachenden eilte sie zur Lebensversicherung. Hans-Peter hinterließ ein hübsches Sümmchen.

Als ich Gitte wenige Wochen nach der Beerdigung traf, konnte ich unmöglich ihre Einladung zu einer Tasse Kaffee abschlagen. Während ich meinen Espresso schlürfte, erzählte Gitte schweren Herzens von der Leere, die Hans-Peter hinterlassen hatte, und dass sie unbedingt wieder jemanden an ihrer großflächigen Seite haben möchte. Dabei presste sie meine zarten Beine zwischen ihre feisten Oberschenkel wie in einen Schraubstock.

Und dann fragte sie mich allen Ernstes, ob wir zwei

süßen Turteltäubchen es nicht einmal versuchen könnten. Mit einem gewaltigen Ruck, die Angst verlieh mir plötzlich Bärenkräfte, befreite ich mich aus

„Guten Abend, Herr Müller, ich möchte Ihnen die Möglichkeit der Kondolenz zum Ableben meines Gatten einräumen."

ihrem Klammergriff und stürzte aus dem Café. Wie ein von der Mafia Gejagter rannte ich mehrere Kilometer, ohne mich umzudrehen. In einem kleinen Park ließ ich mich erschöpft auf eine Parkbank fallen.

Herr Doktor, tut das ...?

Gitte? – Niemals! Ich bin doch nicht lebensmüde. Und dann fiel mir plötzlich ein, und auch ein Stein vom Herzen: Gitte konnte mich gar nicht ehelichen. Ich bin nämlich schon verheiratet. „Puh!", stöhnte ich erleichtert. Manchmal hat eine Ehe auch sein Gutes.

Nicht verscherzen mit den Schmerzen!

So sinnvoll Schmerzen auch sind, sie haben einen entscheidenden Nachteil: Sie tun weh! Ein weiteres Handicap: Schmerzen sind lästig und kommen unangemeldet wie die GEZ oder die Steuerfahndung.

Als Hypochonder bin ich ein schwer zu therapierender Patient, fern aller schulmedizinischen Behandlungsmöglichkeiten. Unentwegt geißeln mich die fürchterlichsten Beschwerden. Keiner weiß, woher sie kommen. Bereits bei dem Gedanken, mir könnte etwas wehtun, leide ich unter unerträglichen Qualen. Meine Hausärztin Frau Dr. Hupffeld erklärte mir: Das Schmerzempfinden der Menschen sei verschieden, außer bei Patienten, die bereits verschieden sind.

Oft sitze ich, zu einem jämmerlichen Bündel gekrümmt, vor ihr. Ein wenig tut sie mir ja leid, denn sie findet zu meinen Symptomen keine passende Krankheit. Resigniert jammerte sie bei meiner letzten Sitzung: „Ich weiß nicht, wie ich Ihnen noch helfen könnte. Ich bin am Ende mit meinem Latein."

„Vielleicht mit einem passenden Schmerzmittel."

„Es gibt kein Mittel", war sie den Tränen nahe, „was ich Ihnen nicht schon verschrieben hätte."

„Und wenn wir's mal mit Morphium versuchen?"

Entsetzt starrte sie mich an, als wäre sie beim ärztlichen Abrechnungsbetrug erwischt worden.

„Sind Sie wahnsinnig geworden!?“, wurde sie laut, danach ganz still und in sich gekehrt. Um ihre Mundwinkel zuckte es plötzlich: „Genau, das ist es. Sie sind wahnsinnig, verrückt, durchgedreht. Ich überweise Sie zu einem Psychiater.“

So landete ich bei Prof. Dr. Unglaube, einer weltweit anerkannten Kapazität auf dem Gebiet der Psychoanalyse.

„Beginnen wir in der Kindheit“, begann der Nervenspezialist.

„In Ihrer oder in meiner?“

„Bleiben Sie bitte ernst!“

Da ich nichts erwiderte, fuhr er fort: „Und nun schließen Sie bitte die Augen und entspannen sich!“

Ich schloss die Augen und entspannte mich.

„Atmen Sie ruhig und gleichmäßig!“

Ich atmete ruhig und gleichmäßig.

„Wurden Sie als Kind geschlagen?“

„Ja, einmal.“

„Wann?“

„Montags einmal, dienstags einmal, mittwochs ...“

„Gut, gut – hören Sie auf! Sie wurden also misshandelt?“

„Besser als gar nicht behandelt zu werden.“

„Ich warne Sie zum letzten Mal!“

Und dann bat er mich, vom Trauma meiner Kindheit zu erzählen, und mit tränenerstickter Stimme begann ich zu berichten: In unserem Haus mit acht Mietparteien gab es siebzehn Halbwüchsige. Ich war nicht nur der Kleinste, sondern auch der Schmächtigste. Ich war schlaksig und glänzte mit der körperlichen Haltung einer schief gewachsenen Krüppelkiefer. Bei den Jungen war ich sehr beliebt. Sie drückten mich furchtbar gern, allerdings nur in ihre feuchten Achselhöhlen. Wenn ich Rotz und Wasser heulend nach Hause kam, setzte es ein paar saftige Ohrfeigen, weil ich mich nicht tapfer wie ein Apachenkrieger gewehrt hatte. Vater war Winnetou-Fan.

„Ein deutscher Junge schlägt zurück!“, brüllte er und pfefferte mir noch eine.

Ein anderer Vorfall ist mir ebenfalls noch in lebhafter Erinnerung. Ich war fünf oder sechs Jahre alt. Mitten in der Nacht erwachte ich durch tierische Bauchschmerzen. Ich habe das ganze Haus zusammengebrüllt. Mutter saß am Bettrand und versuchte, mich zu beruhigen.

„Nun unternimm doch endlich etwas!“, fauchte sie Vater an.

Das war zu einer Zeit, als die analoge Telefondichte einem Maisfeld in Simbabwe ähnelte. Wer damals den Notdienst brauchte, schrieb eine Postkarte oder wenigstens ein Telegramm. Natürlich konnte man auch zum nächsten Münzfernsprecher gehen. Doch entweder litten die Dinger unter Verstopfung, oder die Hörer waren abgeschnitten. Vater blieb also nichts anderes übrig, als mich mit dem Fahrrad ins nächste Krankenhaus zu bringen.

Der diensthabende Arzt, ein glatzköpfiger Herr mit dünnem Haarkranz, streichelte neidisch über meinen dichten Bürstenschnitt und fragte: „Bauchschmerzen, was?“

Eingeschüchtert nickte ich und musste mich danach auf eine Pritsche legen. Der Doktor horchte mich ab, wobei er mein zartes Handgelenk hielt und leise zählte. Zwischendurch lächelte er beruhigend, als wäre die Sache halb so schlimm. Dann tastete er behutsam mit Zeige- und Mittelfinger meinen Oberbauch ab.

„Tut das weh?“, fragte er.

„Hhhmmm“, wimmerte ich.

Der Doktor drückte eine Handbreit unterm Nabel auf die Bauchdecke, als plötzlich ein ohrenbetäubender Lärm losbrach. Ein lang anhaltendes und flatterndes Geräusch hallte durch das Arztzimmer, als würde aus einem prall gefüllten Luftballon klamme Luft entweichen.

„Oho“, rief der Arzt erleichtert, „der war ja nicht von schlechten Eltern.“

Vater rümpfte die Nase und warf mir einen wütenden Blick zu. Der Arzt lachte aufmunternd und sagte: „Seien Sie froh, dass es nur heiße Luft war!“

Auf dem Heimweg tobte Vater, dass Anwohner ihre Fenster schlossen. „Eine Blamage, was für eine Blama-

„Heute kommen nur Schmerzpatienten in die Aufnahme!"

ge", wetterte er. „Da opfert man die halbe Nacht – für einen einzigen Furz."

„Vati, bitte nicht böse sein!", winselte ich. „Einen hätte ich noch."

Später, als ich mit vierzehn zur ersten Zigarette griff, schlug mir die Qualmerei sofort auf den Magen, vielmehr tat es Vater. Er hatte mich im Keller erwischt, als ich am Glimmstängel zutschte wie an einem Strohhalm. Dass Rauchen so schädlich ist, hätte ich dann doch nicht vermutet.

Mit achtzehn erlitt ich den nächsten Nachtkrampf: Fürchterliche Unterleibsbeschwerden, die an die Amplitude von Geburtswehen heranreichten. Da mir Vater die verklemmten Nachtwinde noch immer nicht verziehen hatte, musste Mutter zur Telefonzelle eilen, die ausnahmsweise funktionierte. Der Notarzt diagnostizierte eine akute Blinddarmreizung und nahm mich gleich mit ins Krankenhaus. Unter gar keinen Umständen wollte ich mich aufschlitzen lassen.

„Das ist kein entzündeter Blinddarm", versuchte ich den Chirurgen, der bereits genüsslich das Skalpell wetzte, zu überzeugen.

„Woher wollen Sie das wissen?", fragte er mit forscher Stimme.

„Ich bin Hobbymediziner."

Schon als Jugendlicher, als Gleichaltrige den Mädchen nachstellten, habe ich mich mit der menschlichen Anatomie beschäftigt. Und da ich mich hartnäckig weigerte, musste ich ein Formular unterschreiben und wurde anschließend in ein Patientenzimmer gebracht. Am nächsten Morgen waren die Schmerzen weg, völlig grundlos. Der Stationsarzt kratzte sich nachdenklich am Hinterkopf und behielt mich noch drei Tage zur Beobachtung. Nach diversen Laboruntersuchungen meiner Körperflüssigkeiten, einer Koloskopie sowie einer Sonografie tippte er auf harmlose Nabelkoliken.

Viele, viele Jahre später, wieder mitten in der Nacht, bekam ich krampfartige Unterleibsschmerzen, dass ich dachte, mein letztes Stündlein hätte geschlagen. Die Notärztin spritzte mir ein krampflösendes Mittel und ließ mir, falls neue Krämpfe auftreten sollten, ein paar Zäpfchen da. Am Morgen schleppte ich mich, von weiteren Krämpfen gezeichnet, zu einem Internisten. Im Handumdrehen fand er die Ursache: Gallenkoliken.

„In Ihrer Galle ist Grieß“, erklärte er mir. „Setzt sich dieser vor den Gallenausgang, kann das Koliken auslösen.“

„Und was kann man dagegen tun?“

„Erst einmal abwarten! Wenn sich die Koliken häufen, würde ich zu einer operativen Entfernung raten.“

„Koliken kann man operativ entfernen?“

„Nein“, lachte er, „die Galle.“

Bevor ich mich verabschiedete, legte ich das Päckchen mit den restlichen Zäpfchen auf seinen Schreibtisch und sagte: „Die brauche ich jetzt nicht mehr.“

„Sagen Sie das nicht! Wenn die nächsten Koliken kommen, werden Sie froh sein, diese Zäpfchen zu haben.“

„Die Dinger haben überhaupt nicht gewirkt“, sagte ich und fügte hinzu, „außerdem schmecken sie scheußlich.“

Entsetzt sah er mich an: „Sie haben doch nicht etwa die Zäpfchen oral eingenommen?“

„Na, dachten Sie, ich steck die mir in den Hintern?“

Mit harten Bandagen

Krankenhausaufenthalte sind ungefähr so beliebt wie Urlaubsreisen in den Kongo, nach Bangladesch oder Köthen. Chronisch unterbesetztes und bis zum Rand der physischen und psychischen Erschöpfung getriebenes Personal hält den Klinikbetrieb notdürftig am Laufen, was bei den Patienten nicht immer gelingt. Für ein tröstendes oder gar aufmunterndes Wort bleibt keine Zeit. Zaghafte Anfragen von Patienten werden unwirsch und in kurzen Imperativformen wie „Später!", „Jetzt nicht!" oder umgangssprachlich mit „Halts Maul!" erstickt.

Der Alltag in Kliniken ist grausam und unmenschlich, für Patienten überhaupt nicht geeignet, für kranke schon gar nicht. Die Wehrlosen müssen einem bestialischen Leidensdruck standhalten, haben Schmerzen und stehen Todesängste aus. Zahlreiche Kassenpatienten laborieren an Hungerödemen, Folge einer strengen Diät. Frisch Operierte werden sogar tagelang vom Fresstrog ferngehalten. Die Mangelernährung ist in Wahrheit der Sparpolitik verfehlter Gesundheitsreformen geschuldet. Selbst in deutschen Strafvollzugsanstalten fallen Essensrationen üppiger aus. Einziger Ausweg für Kassenpatienten: Vor einer geplanten Operation straffällig werden und sich dann im Haftkrankenhaus in Ruhe gesund pflegen lassen.

Diese unhaltbaren Zustände bilden den Nährboden einer permanent schwelenden Gewaltbereitschaft unter den gebeutelten Kreaturen. Kein Wunder, Patienten werden nämlich nicht gedrückt, sondern unterdrückt. Häufig dürfen die Kranken nicht aufstehen. Stationsärzte setzen gern ihre Lieblingswaffe ein und verordnen Bettruhe, was einer Isolationshaft gleichkommt. Potentiellen Unruhestiftern beschert man gar ein fesselndes Erlebnis. Ohne Skrupel werden sie ans Bett geschnallt oder unnötig an Geräte angeschlossen, um sie so besser in Schach halten zu können.

Bei einer Klinikrevolte in einem Brandenburger Kreiskrankenhaus kämpften Patienten der orthopädischen Abteilung bewaffnet mit Aircastschienen, Krücken oder Stützstrümpfen, die der Chirurgie mit verseuchten Mullkompressen. Trotz leichter Infanterie erreichten sie im Nahkampf bemerkenswerte Erfolge. Rollstühle dienten den Klinikinsassen gar als Schützenpanzer. Diese wurden von gehfähigen Patienten der Inneren auf Höchstgeschwindigkeit beschleunigt und, kurz vorm Abfeuern von Narkosespritzen, abrupt abgestoppt. Die so gewonnene kinetische Energie verlängerte die Flugbahn der einschläfernden Geschosse, welche wie ein Dartpfeil durch die stickige Krankenhausluft zischten, bevor sie in imposanten Hinterteilen bärtiger Stationsschwestern stecken blieben.

Über die Zu-, Um- und Vorstände deutscher Kliniken kursieren die übelsten Gerüchte. Wer angesichts dieses Dilemmas völlig unbekümmert in ein Krankenhaus geht, ist entweder Extremsportler, Schmerzfetischist oder suizidgefährdet. Als mir dieser schwere Gang drohte, sträubte ich mich vehement.

Meine leidvolle Krankengeschichte begann mit fürchterlichen Gallenkoliken. Diese überstand ich nur dank meines eisernen Überlebenswillens und aus dem Grund, dass Gallenkoliken nicht lebensgefährlich sind. Mit Ultraschall untersuchte ein niedergelassener Gastroenterologe meinen Bauchraum und stellte fest, dass meine Gallenblase zur Hälfte mit Grieß gefüllt sei. Seine Diagnose verwunderte mich, denn schon als Kind hasste ich Grießbrei.

„Sie werden künftig immer wieder mal mit Koliken rechnen müssen", meinte der Arzt. „Es sei denn", riet er mir aufmunternd, „Sie lassen sich die Gallenblase entfernen!"

Erschrocken starrte ich ihn an. „Aber ein Leben ohne Galle ist bitter."

„Ein Leben mit Gallenkoliken ist noch viel bitterer", hielt er dagegen.

Ich überlegte einen Augenblick. Vielleicht hatte er Recht. Trotzdem sollte man wissen, ehe man sich von einem Organ trennt, worin seine Aufgabe besteht. Man kann ja als Personalchef auch nicht wahllos Leute entlassen. Deshalb fragte ich den Arzt: „Was macht eigentlich so eine Galle?"

„Nichts als Ärger", scherzte er und fügte hinzu: „Nun

aber mal im Ernst ...“ Der Doktor hielt einen kleinen Vortrag über Wirkung und Auswirkung der menschlichen Verdauung, wobei er mindestens ein Dutzend lateinischer Wörter benutzte. Mit Unbehagen lauschte ich seinen Erklärungen und hatte einen vagen Verdacht, da er eine tote Sprache verwendete.

„Wenn die Gallenblase fehlt“, hakte ich nach, „dann fehlt mir doch aber zur Verdauung der Gallensaft.“

„Richtig“, bestätigte er. „Deshalb sollten Sie öfter und nur kleinere Portionen essen. Gallensaft wird praktisch so abgegeben, wie ihn die Leber produziert.“

„Und wie wirkt sich das aus?“

„Wenn Gallensaft ausgeschüttet wird, ohne dass dieser benötigt wird, kann es zu Durchfall kommen.“

„Kein schöner Gedanke“, entgegnete ich.

„Ich sagte, es kann. Deshalb sollten Sie ja immer etwas Speisebrei im Magen haben.“

„Was passiert eigentlich“, fragte ich ihn, „wenn man ein üppiges Mahl eingenommen hat, Gänsebraten zum Beispiel, und der Gallensaft fehlt?“

„Ein häufiges Problem“, sagte der Arzt, „deshalb sollten Sie ja immer ...“

„Ja, ja“, unterbrach ich ihn, „aber wie äußert sich das?“

„Blähungen“, antwortete er, „fürchterliche Blähungen. Ihre Mitmenschen werden mehr leiden als Sie selbst.“

„Gut, dann bin ich einverstanden.“

Entgegen allen Befürchtungen, was meinen Einzug ins städtische Krankenhaus betraf, war mein erster Eindruck jedoch sehr angenehm. Die Klinik war modern eingerichtet, hatte helle, freundliche Räume. An den Wänden hingen farbenfrohe Aquarelle. Das Personal zeigte sich zuvorkommend und nett, was auch auf die beiden Zimmerkollegen zutraf.

„Ich bin Werner", stellte sich Werner vor, da er Werner hieß. „Vier passable Nierensteine", sagte er stolz und zeigte auf ein weißes Schälchen auf seinem Nachtschränkchen.

„Sehr erfreut", antwortete ich, „ich heiße Uwe."

„Hans liegt noch unterm Messer", erklärte Werner und zeigte auf die Lücke zwischen seinem und meinem Bett. „Hat Blasensteine. Und du?"

„Galle."

„Steine?"

„Leider nein. Etwas Grieß."

„Schade, wirklich sehr schade."

„Inwiefern?"

„Zu dritt hätten wir einen zünftigen Skat dreschen können. Ich wollte mit Hans Offiziersskat spielen, um unsere Steine."

In diesem Augenblick ging die Tür auf und Hans wurde ins Zimmer geschoben. Er war noch nicht ansprechbar. Eine Schwester stellte ein kleines Schälchen auf seinen Nachttisch. Kaum hatte sie das Zimmer verlassen, schnappte sich Werner die Schüssel und sagte

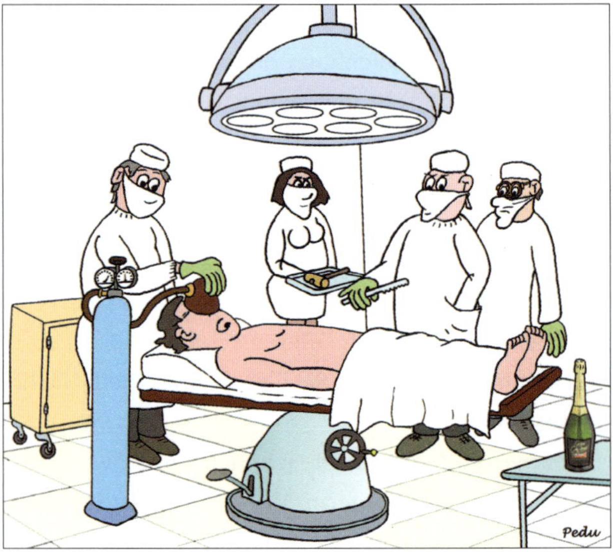

„18, 20, 22, passe!"

anerkennend: „Schau dir diesen Pfundskerl an! Fünf Steine und einer schöner als der andere. Schade, dass du nichts anzubieten hast."

„Müssen es denn unbedingt Steine sein?"

„Nein, aber was willst du anderes setzen?"

„Ich hätte da was", sagte ich. „Dazu müsste ich aber telefonieren."

Ich rief meine Tochter an und bat sie, mir die kleine braune Schatulle aus dem obersten Schubkasten zu bringen, was das liebe Mädchen am späten Nachmittag auch prompt erledigte. Unserer Skatrunde stand nun nichts mehr im Weg.

Ich schob den Zimmertisch zwischen die Betten der beiden Frischoperierten und setze mich an die Stirnseite. Vor dem ersten Spiel gab jeder seinen Einsatz in Werners Wasserglas, in dem sein Gebiss die Nächte verbrachte. Wir hatten vereinbart, dass nach drei Runden der Sieger den kompletten Einsatz erhält. Dann soll wieder gesetzt und weitergespielt werden, bis einer alles verspielt hätte.

Ich nahm die Karten, mischte sie ordentlich durch und murmelte ein leises Bittgebet. Das erste Blatt war ziemlich durchwachsen. Ich hatte drei Buben, drei Karten Kreuz mit Ass und etwas Kleinkram. Hans und Werner passten, und ich wagte das erste Spiel.

„Kreuz“, verkündete ich die Trumpffarbe.

Hans rollte mit den Augen und kicherte ein schadenfrohes: „Kontra!“

Als beide auch noch gehässige Blicke wechselten, wurde ich so wütend, dass ich in die Runde brüllte: „Re!“

Hans eröffnete mit dem Herz-König. Werner zückte das Ass. Ich bediente mit einer Lusche. Die ersten 15 Punkte waren weg. Nun kam Werner mit dem Pik-Ass, welches ich ebenfalls mit einer Lusche bedienen musste. Zu meinem Entsetzen schleuderte Hans das Karo-Ass auf die Tischplatte. Zwei Stiche und bereits 37 Punkte gegen mich. Es sah nicht gut aus!

Werner warf schmunzelnd eine Herz-Lusche, wie man einem Straßenköter gönnerhaft einen Knochen zuwirft. Ich hatte noch die Herz-Zehn und die Dame, war mir aber nicht sicher, ob ich die Zehn riskieren sollte. Ich tat es. Hans jauchzte vergnügt und stach mit Kreuz-Zehn. Damit hatten die beiden Gauner 57 Punkte, ein Sieg war nicht mehr möglich. Nun kam er mit einer Karo-Lusche, die Werner mit dem König bediente. Ich musste meine erste Trumpfkarte ausspielen, denn wenn ich die Herz-Dame abgeworfen hätte, wäre das Spiel bereits jetzt mit 64 Punkten verloren. Genützt hat es mir nichts. Ich legte meine letzte Karte Trumpf-Sieben auf den Tisch. Hans ging mit dem Karo-Buben drüber und Werner schmetterte freudig die Pik-Zehn auf den Tisch. Ich verlor mit 76 Zählern und da ich auf das Kontra Re erwidert hatte, wurde es besonders teuer.

Wenn ich jetzt noch die erste Runde gewinnen wollte, musste ich jedes Spiel an mich reißen. Doch ich bekam kein vernünftiges Blatt. Gerade ein lächerliches Null und ein einfaches Karo-Spiel konnte ich für mich entscheiden und verlor die erste Runde.

Hans und Werner blühten mit jedem Spiel mehr und mehr auf. Abwechselnd erhielten sie Traumblätter, spielten einen Grand nach dem anderen und stempelten mich zum absoluten Loser des Abends, vielmehr der Nacht. Gegen drei Uhr morgens hatte ich meinen Einsatz vollständig verspielt. Und das war mehr als schmerzhaft, denn ich verlor zum zweiten Mal meine kompletten Milchzähne.

Der Besuch des Anderen

Klinikaufenthalte haben unter Umständen einen höheren Unterhaltungswert als Bildungsreisen in technisch rückständige Länder wie Somalia, Sudan, Samoa oder Saarland. Das Patientenzimmer, intimes Rückzugsgebiet mit öffentlichem Charakter, eignet sich bestens als Testfeld für anthropologische Verhaltensforschung. Unterschiedlichste Typen prallen in diesem Mikrokosmos aufeinander, die in freier Wildbahn einen großen Bogen umeinander gemacht hätten. Besonders interessant sind die Besuchszeiten. Es müssen nicht unbedingt die eigenen Verwandten sein, die einem tierisch auf die Nierenwerte gehen.

Nach einem schweren Fahrradsturz war ich mit Rippenbrüchen, inneren wie äußeren Blutungen sowie zahlreichen posttraumatischen Schwellungen ins Klinikum eingeliefert worden. Doch der Reihe nach! Mein jährlicher Gesundheitscheck war alles andere als zufriedenstellend verlaufen, jedenfalls für meine Hausärztin. Frau Dr. Hupffeld zeigte sich nach der Auswertung der Laborwerte höchst beunruhigt. „Sie sitzen zu viel am Computer“, konstatierte sie. „Herr Levin, gehen Sie raus in die Natur! Bewegen Sie sich! Am besten, Sie fahren Rad!“ Nur so, behauptete Frau Dr. Hupffeld, könne man aktiv etwas für seine Gesundheit tun.

Ich befolgte ihren Rat und holte mein Rad aus dem Schuppen. Durch die jahrelange Radabstinenz war ich eingerostet wie mein Drahtesel. Etwas Öl auf die Kette, und schon konnte es losgehen. In unserer Region gibt es zahlreiche Radwege. Man ist fern vom Autoverkehr – mitten in der Natur, die sich schon mal in Form eines Astes in den Weg hängen kann. Besonders dramatisch bei einer rasanten Talfahrt ...

Als ich wieder zu mir kam, sah ich Neonlicht – viel Neonlicht. Den Himmel hatte ich mir ganz anders vorgestellt. Nicht so viele summende Geräte und Schläuche, die in meinen Körperöffnungen steckten. Vorsichtig tastete ich nach meinem Allerwertesten. Wenigstens den hatten die Ärzte in Ruhe gelassen.

Als ich übern Berg war, wurde ich in ein Zweibettzimmer verlegt, in dem eine zünftige Party tobte. Knapp ein Dutzend Leute beiderlei Geschlechts amüsierten sich am Krankenbett des Chefdirigenten des Leipziger Sinfonieorchesters. Er hieß Stock, wie der Taktstock, nur ohne Takt.

Als die Besucher johlend das Zimmer verlassen hatten, stellte er sich vor: „Ich bin Günter."

„Angenehm, Uwe", erwiderte ich und erkundigte mich, wer diese Leute gewesen seien.

„Die Zweiten Violinen", sagte der Meister und fügte stolz hinzu, „die komplette Besetzung, elf Musiker."

„Ich habe sie nicht gezählt", antwortete ich, „ich bin ja kein Geigerzähler."

Der Chefdirigent prustete laut los und johlte vergnügt: „Der war gut, der war echt gut. Muss ich mir merken."

Entgegen dem allgemeinen Klischee, Musiker wären humorlose Zeitgenossen, spürte ich sofort, Günter lachte für sein Leben gern. Kann er aber auch über sich selbst lachen, fragte ich mich, und ihn fragte ich: „Was hat ein Dirigent mit einem Kondom gemeinsam?"

Ich schob eine kleine Pause ein.

„Mach's nicht so spannend!"

„Mit ist sicherer, ohne ist schöner."

Wir lachten so laut, dass eine burschikose Schwester unser Zimmer stürmte und wetterte: „Meine Herren,

„Ich fürchte, eine Geige ist das falsche Instrument. Er geht bald flöten!"

mäßigen Sie sich! Sie befinden sich in einem Krankenhaus!“

„Schwester“, erwiderte der Dirigent überrascht, „glauben Sie, nur weil wir etwas Spaß haben, wird daraus gleich ein Freudenhaus?“

Wütend knallte sie die Tür zu.

Am nächsten Morgen, gleich nach der Visite, holte Günter einen CD-Player aus dem Wandschrank, stellte ihn auf den Stuhl vor seinem Bett und legte eine CD ein. Dann huschte er in sein Bett zurück, drückte die Brust heraus und streckte die Arme in die Luft. Als sich die ersten Töne durch die miefige Luft schraubten, fragte ich ihn, was das zu bedeuten habe.

„Ruhe im Saal!“, fuhr mich Günter böse an. „Ich muss mich konzentrieren.“ Und nachdem seine Arme ein paar zarte Wellenbewegungen vollführt hatten, flüsterte er: „Brahms, Violinkonzert D-Dur.“

Als musikalischer Vollblutlaie missverstand ich ihn und fragte verwundert: „Bremer Pralinenkonzentrat im D-Zug?“

Wütend sprang Günter aus dem Bett, stellte den Rekorder ab und sagte mit erboster Oberlehrermiene: „So kann ich nicht arbeiten! Ich bitte um etwas mehr Rücksicht!“

Günter drehte den Regler hoch und die ganze Sache ging von vorn los. Plötzlich stand der Stationsarzt in der Tür. Er stürmte zur Steckdose und riss die Schnur heraus. „Was treiben Sie hier?“

„Brahms, Herr Doktor. In drei Wochen geben wir ein Konzert."

„Violinkonzert D-Dur?", stutzte der Arzt.

„Sie sind ein wahrer Kenner. Alle Achtung."

„Ich liebe Brahms. Gibt es noch Karten?"

„Leider ausverkauft."

„Gut, dann nehme ich zwei Stück", sagte er, stöpselte den Rekorder wieder ans Netz und sagte mit zufriedenem Lächeln: „Weitermachen!"

Am Nachmittag kamen die Ersten Violinen, ein volles Dutzend – die komplette Besatzung. Nein, Besetzung – denn einige von den Streichern strichen im Zimmer umher, und da es nur zwei Stühle gab, nahmen sie kurzerhand mein Bett in Beschlag.

Ich spürte, die feindseligen Blicke der noch herumstehenden Musiker ließen keine andere Deutung zu, dass meine Anwesenheit diese illustre Runde störte. Eine leicht korpulente Dame fragte mich gar, ob ich nicht so viel Anstand im Leib hätte, während der Besuchszeit das Zimmer verlassen zu wollen.

Ich quälte mich aus dem Bett, nahm den Infusionsständer und watschelte auf den Gang hinaus. Ich setzte mich auf eine dieser orthopädisch bedenklichen Sitzschalen aus Hartplastik und fühlte mich wie ein niedergelassener Patient. Erst jetzt bemerkte ich, mit einem verstohlenen Blick den Flur hinunter, dass auch vor anderen Zimmern vertriebene Patienten hockten. Viele, noch schwach und gezeichnet vom schweren

Leidensweg, stützten sich an Infusionsständern, Gehhilfen oder Krücken. Die Besucherströme hatten die armen Kassenkreaturen aus ihren Zimmern gespült, vor denen sie geduldig ausharrten, bis sie in ihre Betten zurückdurften. Unsere verzweifelte Lage gab einem Wort eine völlig neue Bedeutung: Notdurft!

Nach zwei, drei Stunden, ich hatte jegliches Zeitgefühl verloren, öffnete sich die Zimmertür und die ersten Musiker schoben sich lauthals johlend auf den Gang hinaus. Ich wankte wie im Delirium, bekam das Treiben um mich herum nur noch schemenhaft mit. Plötzlich hörte ich die vollschlanke Geigerin, deren Figur an den Instrumentenkasten eines Kontrabasses erinnerte, abfällig sagen: „Schaut euch diesen betrunkenen Kerl an! Und das in einem Krankenhaus!"

Der nächste Tag verlief ähnlich. Vormittags dirigierte Günter seinen Rekorder, am Nachmittag besuchte ihn eine Orchesterabordnung.

„Heute kommen meine Lieblinge, die Cellos", verkündete der große Meister stolz, „alles junge und bildhübsche Damen."

„Soll ich wieder mein Bett räumen?", fragte ich, fest entschlossen, diesmal mein Krankenlager nicht kampflos aufzugeben.

„Das wäre sehr umsichtig."

„Tut mir leid", erwiderte ich trotzig, „heute fühle ich mich elend und schwach."

„Deshalb ja. Versteh mich bitte nicht falsch! Aber meinen sensiblen Cellos möchte ich diesen Anblick ersparen."

„Sehe ich denn so schlimm aus?"

„Schlimm wäre geschmeichelt. Wenn dich die zarten Damen sehen, glauben sie am Ende noch, hier wäre die Palliativstation."

„In Ordnung", gab ich nach. In diesem erbärmlichen Zustand wollte ich mich nicht der jungen Damenwelt präsentieren und schob mich freiwillig aus dem Bett. Ich klammerte mich an den Infusionsständer und schlurfte zur Tür.

„Und setz dich bitte nicht wieder vors Zimmer!"

„Aber wo soll ich denn dann hin?"

„Auf die Toilette. Und wenn du mal musst, bist du schon dort."

Die Idee hatten offensichtlich auch andere Patienten. Alle Boxen waren verriegelt. Selbst Stehplätze waren knapp. Zudem war die Luft verräuchert wie im Raucherraum einer Bahnhofskneipe. Nach dem Abendbrot bedankte sich Günter für meine Rücksicht und bot mir ein paar Pralinen an. Doch schnell stellte ich fest, in meinem Zustand war Aufregung genauso schädlich wie Erregung. Ich gab ihm seine vollbusigen Illustrierten zurück.

„Heute kommen die letzten Streicher", verkündete er am nächsten Tag.

„Gott sei Dank“, murmelte ich, „dann mache ich drei Striche.“

„Sieben Kontrabässe und sieben Bratschen. Da wird’s nochmal eng.“

„Und morgen?“, fragte ich hoffnungsvoll.

„Sind die Bläser an der Reihe.“

Inzwischen hatte ich mich daran gewöhnt, mein Bett zu räumen, damit Günter in Ruhe seine Besucher empfangen konnte. Und alle kamen ans Krankenlager ihres großen Meisters, die Flöten wie die Oboen, die Klarinetten und die Fagotte, die Trompeter und die Posaunen, die Pauker und die Hörner, zwei Schlagzeuger und eine Harfenistin.

Am Sonntagmorgen fragte ich Günter vorsichtig, wer ihn heute besuchen würde.

„Niemand, ich bin ledig. Meine Eltern wohnen in Bielefeld. Außerdem möchte ich die Zeit nutzen, um zu proben.“

„Nun ja, ich erwarte ein paar Besucher“, gab ich zu bedenken.

Günter baute seinen Rekorder auf, als hätte ich nichts gesagt. Er war derart in seine Musik versunken, dass er gar nicht mitbekam, wie Ulle und Harry, zwei meiner Kneipenkumpels, ins Zimmer gepoltert kamen und darauf bestanden, einen zünftigen Skat zu dreschen.

Harry hielt dem Dirigenten die Karten unter die Nase und fragte: „Hast du Lust?“

„Ich bin mitten in den Proben“, wehrte Günter ab.

Ulle machte den Scheibenwischer und murmelte: „Ich wusste gar nicht, dass du in der Klapse gelandet bist.“

„Bitte nicht so laut!“, bat ich die beiden und klärte sie über meinen prominenten Mitinsassen auf. Und obwohl wir beim Reizen flüsterten, schien der Dirigent derart gereizt, dass er seinen Taktstock in die Ecke warf und wutschnaubend das Zimmer verließ.

Als Günter, der in der Cafeteria einige Cappuccinos geschlürft hatte, mit mürrischer Miene zurückkam, hatten Ulle und Harry die Klinik bereits verlassen. Er kroch in sein Bett wie ein altes Klavier, völlig verstimmt.

„Gegen eins“, sagte ich, „kommt meine Tochter mit Mann und meinem kleinen Enkel.“

„Nach dem Essen möchte ich ruhen!“

„Ein wirklich süßes Kerlchen.“

„Ich kann kleine Kinder nicht ab!“

„Kein Problem, du wirst uns gar nicht bemerken“, versprach ich.

„Ich kann nicht schlafen, wenn fremde Personen im Zimmer sind. Geht runter in die Lounge!“

„Günter, ich bitte dich!“, sagte ich und zeigte auf den Infusionsständer, „mit dem Ding kann ich mich unmöglich in der Öffentlichkeit zeigen.“

Wutschnaubend verließ er wieder das Zimmer. Auch als meine Eltern und etwas später die Schwiegermutter und meine Frau kamen, machte er sich stehenden

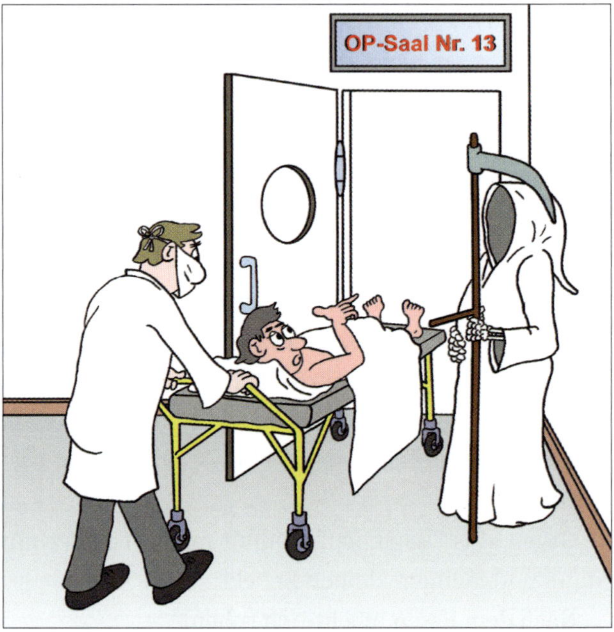

Herr Doktor, tut das ...?

Fußes aus dem Staub. Am Montagmorgen war sein Bett leer und ich erkundigte mich bei einer Schwester, ob Günter entlassen worden sei.

„Nein", antwortete sie ziemlich schroff. „Er hat sich verlegen lassen."

„Verlegen lassen", wunderte ich mich. „Aber warum?"

„Da fragen Sie noch! Bei all dem Trubel, den der arme Kerl gestern hier durchmachen musste?"

Beethoven im Bauch

Wird bei Professoren unter Umständen Vergesslichkeit erwartet, kann sie bei Chirurgen sogar beklagt werden – und zwar vor Gericht. Obwohl dramatische Sparvorgaben der Gesundheitspolitik Kliniken zum genügsamen Umgang mit Operationsbestecken zwingen, passiert es immer wieder, dass während medizinischer Eingriffe chirurgische Werkzeuge oder Hilfsmittel verschwinden. Dafür gibt es nur eine logische Erklärung. Aber kein Chirurg hat Lust – nach einer schweren OP –, wegen eines unauffindbaren Tupfers noch einmal den Kadaver zu öffnen.

Eines sollten Patienten den unter hoher Anspannung herumschnippelnden Ärzten nachsehen. Weiße Tupfer oder sterile Tücher sind in kürzester Zeit blutgetränkt und ruck, zuck im matschigen Organchaos verschwunden. Das ist, als würden Sie sich bei der Zubereitung von Rouladen in den Finger schneiden, und am Ende vermissen Sie das durchgeweichte Pflaster. Würden Sie noch einmal alle Rouladen aufwickeln?

Chirurgen vergessen aber auch schon mal größere Besteckteile, was kein Staatsanwalt nachvollziehen kann. Nach einer Unterleibsoperation in einer Wiesbadener Klinik quälte sich eine 50-jährige Patientin fünf Tage unter heftigsten Schmerzen. Die behandelnden Ärzte behandelten ihr Schmerzopfer wie eine Simulantin und schickten die zu einem Bumerang gekrümmt Laufende nach Hause. Erst in einem anderen Krankenhaus förderte das Röntgenbild die Misere zu Tage. Quer in ihrem Bauchraum steckte ein dreißig Zentimeter langer Spatel.

In einem anderen Fall musste sich die Zweite Zivilkammer am Osnabrücker Landgericht mit einer im Patienten zurückgelassenen Operationsklemme beschäftigen. Kaum vorstellbar, reichen doch diese Instrumente fast an die Größe einer Tapezierschere heran. Trübe Aussichten also für Kassenpatienten, die im harten Griff eines medizinischen Eingriffs stehen.

„Verdammt, wo steckt eigentlich Schwester Agnes?"

Als notorischer Pessimist ließ ich mir meine schlechte Laune nicht vermiesen und bezog mit den schlimmsten Befürchtungen mein Krankenbett. Meine grässlichsten Vorahnungen wurden nicht bestätigt. Es kam noch schlimmer. Bereits am Tag nach dem Eingriff kam es zu ernsten Komplikationen. Das Malheur passierte pünktlich zur Visite, als sich der Chefarzt nach meinem Wohlbefinden erkundigte. Plötzlich klingelte ein Handy.

„Herr Levin", fauchte er mit autoritärem Gebaren, „in unserem Haus sind Handys strengstens verboten."

„Ich weiß", gab ich kleinlaut bei und spürte ein merkwürdiges Kribbeln im Bauch.

„Aber", stutzte der Chefarzt plötzlich, „das ist ja mein Handy: Beethovens Fünfte, Ta-ta-ta-taaa... Ta-ta-ta-taaa..."

Vergeblich durchsuchte er die Taschen seines Kittels. Dann blickte er entsetzt auf mich, zog die Bettdecke zurück und bemerkte das zarte Vibrieren unterm Verband.

„Öffnen Sie sofort den Patienten!", befahl er dem Oberarzt. „Ich erwarte einen wichtigen Anruf."

Aus Kulanzgründen wurde ich in die Prominentensuite mit Sky-Anschluss, WLAN, Hausbar, Whirlpool, Sauna und eigenem Zimmerpersonal verlegt. Dafür wurde von mir strengste Loyalität erwartet. Ich durfte zwar über Schmerzen klagen, nicht aber vor Gericht. Zudem wurde mir verboten, dieses chirurgische Missgeschick in einer meiner vergnüglichen Satiren zu verwerten. Ohne mit der Wimper zu zucken, ging ich auf diesen Deal ein, wurde aber stutzig, als der Chefarzt plötzlich seine Brille vermisste. Später stellte sich heraus, dass sie bei der Magenoperation einer übergewichtigen Patientin zwischen Milz und Bauchspeicheldrüse gerutscht war. Verständlich wäre es gewesen, hätte sich die Brille hinterm Blinddarm versteckt.

„Sehen Sie", gestand mir der alte Arzt vergnügt, „in einem guten Haushalt geht eben nichts verloren."

„Passiert so etwas öfters?", fragte ich, von der Häufung verunsichert.

„Öfters?", lachte er. „Ich könnte Ihnen Sachen erzählen. Erst letzte Woche. Schneidet sich doch mein Oberarzt noch kurz vor der OP die Zehennägel ..."

Erschrocken starrte ich auf den Chefarzt: „Jetzt sagen Sie nur nicht, die Nagelschere war weg!"

„Nein, seine Fußnägel."

Ich kann dich nicht riechen!

Freundschaften können nicht nur am Geld scheitern, sondern auch an einem penetranten Körpergeruch, der Tote nicht weckt – sondern Geweckte tötet. Besonders der Typ „älterer Single-Mann“ müffelt nicht selten friedlich, still und leise vor sich hin, da er die Körperhygiene sukzessive eingestellt hat und sich nach dem Toilettengang weder die Hände noch andere Weichteile säubert. Was hier nach Seifenoper klingt, ist eines der letzten Tabuthemen unserer Zeit.

Mal ehrlich: Was halten Sie von einem Waschmuffel, dessen ätzende Körperausdünstungen selbst Ammoniak oder Schwefeldämpfe in den Windschatten stellen? Dabei ist es völlig unerheblich, ob man den Stinker kennt, sei es ein Firmenkollege oder der Platznachbar in der Straßenbahn, wenn dessen gasförmige Ausstrahlung mit dem Hauch eines frisch gedüngten Güllefeldes herüberweht. Doch die wenigsten Geruchsopfer beweisen Zivilcourage und wehren sich gegen diese Form nasaler Folter.

Die Geruchsrezeptoren des Verursachers können den Eigengestank nicht orten, selbst wenn er Duftmarken ausströmt, die sogar Stinktiere vor Neid erblassen lassen würden. Doch kaum einer bringt den Mut auf, die Geruchsquelle diskret darauf hinzuweisen, zum Beispiel mit den Worten: „Ich kann Ihnen eine dermatologisch getestete Spezialseife empfehlen.“ Bei hartnäckigen Duschmuffeln können nur die schwersten Geschütze etwas ausrichten. Rücksicht ist hier fehl am Platz. Da helfen nur noch Sätze wie: „Sie riechen wie meine Oma, als wir sie gefunden haben. Da war sie aber schon seit vier Wochen tot.“

Eines Tages wurde ich mit einem derartigen Problem konfrontiert. Es war zu einer Zeit, als ich wieder einmal völlig am Boden war, vor allem finanziell. Mein Geld verhält sich nämlich wie meine Frau, beide gehen gern aus. Dazu möchte ich eines klarstellen: Autoren können vom Schreiben kaum leben, außer diejenigen, die vom Schreiben leben können. Zum Glück habe ich mal einen soliden Beruf erlernt, der inzwischen in der Exportindustrie stark nachgefragt wird. So finde ich jederzeit eine Firma, die mich befristet einstellt.

Bei meinem letzten Job bekam ich im Umkleideraum einen Spind zugeteilt, dessen Nachbarschrank es in sich hatte, rein geruchsmäßig. Der Bewohner des Blechkastens, anfangs vermutete ich ein nachtaktives Nagetier, war ein lediger Fünfziger, den die eigene Körperpflege genauso interessierte wie die Fußballergebnisse einer Brandenburger Kreisklasse. Dafür hatte er eine beeindruckende Körperbehaarung, die das Wort Fellpflege gerechtfertigt hätte. Seine Brust- und Rückenhaare waren dichter gestrickt als eine alte Kokosmatte. Der hätte im Zoo problemlos den Gorilla geben können – ohne Kostüm. Seinem Pelz entströmte der säuerlich herbe Geruch ranziger Schweißfüße. Mit anderen Worten: Rüdiger war sprichwörtlich ein dufter Typ.

In der Werkhalle selbst blieben seine Ausdünstungen, die Nasenhaare zum Kräuseln brachten, unbemerkt, wurden durch die starken Kühldämpfe von Bohremulsionen neutralisiert. Erst zu Schichtende kam der blanke Horror. Als Rüdiger zum ersten Mal in meinem Beisein seine Spindtür öffnete, waberten wie morgendliche Nebelschwaden faulig kalte Dämpfe heraus, dass es mir sofort die Magengrube aushebelte. Nur ein Sprint vom Spind, raus an die frische Luft, verhinderte Schlimmeres.

Jetzt war guter Rat teuer. Der Zufall wollte es, dass ich gerade an diesem Tag im Fachblatt der Hypochonder, der Apotheken Umschau, blätterte. Ich stolperte über einen Artikel, in dem es um des Menschen größtes Organ ging – die Haut. Und der haute mich um. In diesem Beitrag glaubte ich, die Lösung für mein Problem gefunden zu haben. Der Verfasser, ein wissenschaftlich tätiger Dermatologe, plädierte für extrem sparsame Körperhygiene unter dem Motto: Weniger ist mehr!

Häufiges Duschen, scharfe Reinigungsmittel und selbst der übertriebene Einsatz von Deodorants schädigen den natürlichen Säureschutzmantel der Haut. Dieser unsichtbare Panzer sorgt aber dafür, dass gefährliche Keime, tödliche Bakterien oder aggressive

Viren nicht in unseren Körper einmarschieren wie 1990 westdeutsche Gebrauchtwagenhändler in den Osten. Meine Strategie gegen Rüdiger war also klar: Ab heute wird zurückgestunken!

Die ersten Tage verstrichen, ohne dass jemand um mich gestrichen wäre. Selbst meine, was Körpergerüche angeht, empfindliche Frau rümpfte erst am vierten Tag die Nase, wie es Kaninchen tun, wenn sie an einer saftigen Möhre schnuppern.

„Kann es sein", fragte sie noch sehr taktvoll, „dass du müffelst?"

„Durchaus möglich."

Um den Effekt zu beschleunigen, begann ich, nach Feierabend zu joggen. Wenn ich völlig durchschwitzt nach Hause kam, machte ich, trotz heftigster Proteste meiner Frau, einen großen Bogen ums Badezimmer. Wie ein gutes Steak wollte ich im eigenen Saft schmoren. Einer Zwiebel gleich sollte sich frischer Schweiß Schicht um Schicht auf getrockneten Altschweiß legen, eine äußerst effektive Methode, dem Körpergeruch eine aasige Note aufzudrücken.

Meine Gattin verstand allerdings keinen Spaß und setzte mir ein Ultimatum. Ich ließ es ungewaschen verstreichen, versuchte ihr vielmehr meine Beweggründe zu erklären. „Du bist doch krank", war ihr gewaschener Kommentar.

Ich zeigte ihr den Artikel. Ohne Erfolg. Meine Frau hatte zwar Verstand, aber kein Verständnis. Selbst das ökonomische Argument der enormen Wassereinsparung akzeptierte sie nicht. Schließlich zog sie es vor vorübergehend auszuziehen. Nun konnte ich erst richtig losstinken. Doch Rüdiger störten offensichtlich meine animalischen Separationen nicht. Im Gegenteil. In meiner Nähe fühlte er sich pudelwohl. Darüber ärgerte ich mich. Meine Bestrebungen liefen völlig ins Leere.

„Ich hatte es geahnt, die neuen Möbel entfremden!"
„Nein, du solltest nur öfters die Socken wechseln!"

Mit der abartigen Denkweise eines kriegslüsternen Generals, wenn die Feuerkraft der Truppe nicht die gewünschte Wirkung zeigt, muss sie eben drastisch erhöht werden, steigerte ich meine geruchsverschärfenden Ambitionen. Zusätzlich erweiterte ich meinen Luftkrieg unter Einsatz chemisch-biologischer Kampfstoffe. Ich reduzierte die Kohlenhydratzufuhr und wechselte auf eine vegetarische Ernährung. Ich knabberte Möhren, schnurpste Kohlrabi, vertilgte Unmengen Bohnen und andere Hülsenfrüchte. Um die Durchschlagskraft zu steigern, schob ich Zwiebeln und Knoblauch in rauen Mengen nach, löffelte Joghurt, würgte Buttermilch runter und trank literweise obergäriges Bier. Ein wirklich hochexplosives Gemisch, das im Verdauungstrakt für Furore sorgte wie der Fanfarenzug beim Stadtfest.

Rüdiger blieb unbeeindruckt, obwohl ich in seiner Nähe allerfeinste Duftmarken absetzte. Während andere Kollegen einen großen Bogen um die kontaminierten Zonen machten, ließ sich Rüdiger nicht aus der Reserve locken. Ich rüstete weiter auf, legte feuchte Socken auf die Heizung, um sie am nächsten Morgen umgekrempelt wieder über die grauen Füße mit ihren verfilzten Zehenzwischenräumen zu streifen. Meine Unterwäsche wechselte ich dagegen täglich, von links auf rechts. Aber all das nützte nichts.

In der dritten waschfreien Woche bekam ich selbst massive Probleme. Im Supermarkt, zunächst erschien mir das ganz praktisch, löste sich an der Kasse vor mir die Schlange auf. Als ich aber neben der Kassiererin stand, verließ auch diese mit zugehaltener Nase fluchtartig die Kassenbox. Keiner wollte mich bedienen, alle schienen von mir bedient zu sein. Eine Käsefachverkäuferin, die eigentlich geruchsmäßig hätte abgehärtet sein müssen, flüchtete in den Kühlraum. Selbst die Bedienung vom Fischstand war stinkig auf mich.

Passanten wechselten die Straßenseite. Hunde jaulten. Ein Streifenpolizist forderte mich bei einer Routinekontrolle auf, als ich die Seitenscheibe heruntergekurbelt hatte, unverzüglich weiterzufahren. Auch in der Nachbarschaft rumorte es. Eines Tages drohte mir der Vermieter mit der Kündigung des Mietvertrages.

Ehe ich endgültig das Handtuch werfen wollte, unternahm ich einen letzten Versuch. Frisch geduscht bat ich um eine Audienz beim Betriebsrat. Ich schilderte dem Vorsitzenden mein Problem, und er begann plötzlich zu lachen, fürchterlich zu lachen.

„Ja, sag bloß“, fragte er mich, „du weißt es nicht?“

„Was?“, fragte ich verzweifelt. „Was soll ich nicht wissen?“

„Rüdiger leidet an einer angeborenen Anosmie. Sein Geruchssinn ist gestört. Er kann weder etwas riechen noch schmecken.“

„Trotzdem könnte er ja hin und wieder mal duschen.“

„Ich werde mal mit ihm reden“, versprach der Vorsitzende.

Tage später sagte er mit einem Augenzwinkern: „Ich habe mit Rüdiger gesprochen. Er ist völlig einsichtig.“

Letztendlich hatte sogar ich noch etwas aus dieser

Herr Doktor, tut das ...?

Episode gelernt: Wer redet, muss nicht stinkig werden! Von nun an betrieb Rüdiger eine vorbildliche Körperhygiene. Trotzdem ließ der Gestank im Umkleideraum nicht nach.

Rüdiger, der ja selbst nichts riechen konnte, half mir, meinen Spind von der Wand abzurücken. Und was soll ich sagen: Dahinter hatte sich ein dänischer Esrom in alle Spalten und Ritzen verflüssigt. Rüdiger lachte und erklärte mir: „Das machen die bei jedem, der hier neu anfängt!“

Die sprechende Sprechstundenhilfe

Sie ist der Mensch gewordene Alptraum jedes Kassenpatienten. Von niedergelassenen Ärzten geliebt, von abhängig Kranken gefürchtet, verrichtet sie einen Job in der Vorhölle des deutschen Gesundheitswesens. Husten, Schnupfen, Heiserkeit ist ihr Metier. Eitrige Geschwüre, Wundnässe, Vorhautverengung oder verrenkte Gliedmaßen lassen sie zur Höchstform auflaufen. Ohne sie geht nichts. Rien ne va plus, wie es französische Chirurgen gern am roulettierenden OP-Tisch sagen. Sie hält die Praxis in Schwung, kümmert sich um die Terminabwicklung und erledigt den lästigen Schreibkram. Ihrem aufbrausenden und temperamentvollen Naturell entsprechend streitet sie sich hingebungsvoll mit Verbänden und legt selbige an Patienten an, da kaum noch ein Arzt in der Lage ist, einen verstauchten Knöchel fachgerecht zu bandagieren.

Ärzte vergeuden nämlich einen Großteil ihrer Arbeitszeit am Computer, um Abrechnungen für gefühlte dreitausend Krankenkassen zu erstellen, Gutachten zu schreiben und aussichtslose Reha-Anträge zu begründen. Damit entwickeln sie sich zunehmend zu Computerspezialisten mit medizinischen Grundkenntnissen. Die Drecksarbeit bleibt an der Sprechstundenhilfe kleben wie ein Popel unterm Wartezimmerstuhl.

Die Arzthelferin, wie sie noch bis 2006 liebevoll genannt wurde, bis man den entwürdigenden Begriff MTA *(Medizinisch-technische Assistentin)* einführte wie das Endoskop in den Dickdarm, wird ausschließlich von Frauen ausgeübt. Die Frisur ist dabei kein Einstellungskriterium, Hauptsache sie hat genügend Haare auf den Zähnen und ist bereit, diese jedem Kassenparasiten zu zeigen.

In ihrem Revier herrscht sie mit totalitärer Strenge. Sie duldet keine Widerrede. Ihr Wort ist Gesetz. Und

„Dieser tägliche Stress im OP, Jutta, noch'n Bier!"
„Bin ich dann morgen deine Sprech- oder wieder die Brechstundenhilfe?"

dies zeigt die Arzthelferin unmissverständlich an, mit einem Schild überm Tresen, auf dem der Kranke lesen kann: „Hier regiert Moni!"

Praxistreue Quartalspatienten und geschwätzige Dauergäste, denen die internen Gepflogenheiten vertraut sind, betreten das ärztliche Territorium mit in Demut gesenkten Häuptern. Die von Krankheit geschwächten Kreaturen schleichen im Watschelgang durch die Praxisräume, als würden sie über kontaminiertes Sperrgebiet schlurfen. Konversation wird nur im Flüsterton geduldet. Verstöße werden streng und gnadenlos geahndet. Wer schon einmal im Schwitzkasten einer Sprechstundenhilfe mit der Figur einer bulgarischen Diskuswerferin und dem Charme einer rostigen Drahtbürste gesteckt hat, kann auf der Stelle als geheilt entlassen werden. Arzthelferinnen halten ihr Revier penibel sauber. Hygiene wird nicht nur im Duden groß geschrieben.

Ärzte, auch Augenärzte, verlassen sich blind auf ihre Sprechstundenhilfen. HNO-Ärzte sind ihnen sogar hörig. Sie sind Anlaufstelle und Prellbock in den Niederungen unseres Gesundheitswesens. Sie kennen und akzeptieren keinen Schmerz, besonders fremden nicht. Mit der menschlich warmen Empathie einer laufenden Kettensäge rammen sie intramuskuläre Spritzen in verängstigte Patienten, schieben strohhalmdicke Kanülen in Armvenen oder reißen altes Verbandsmaterial von verschorften Wunden. Simulanten trifft ihre ganze Verachtung. Hypochonder riechen sie, wie der notgeile Köter eine läufige Hündin wittert.

Nur wer sich einer Sprechstundenhilfe bedingungslos unterwirft und ihre Weisungen widerspruchslos befolgt, hat gute Überlebenschancen. Sie ist der wahre Gott einer niedergelassenen Arztpraxis. Und so bewahrheitet sich einmal mehr der Slogan der Patientenvereinigung Bypass: Von der Sprechstundenhilfe lernen, heißt siechen lernen!

Man muss dran glauben

Apotheken sind ein wahrer Segen für uns Patienten. Für die Apotheken sind es die Kranken, wie auch für Kliniken und niedergelassene Ärzte. Ohne Kranke, selbst Gehbehinderte, läuft nichts. Sie sind das Plankton im Gesundheitsmeer, bilden praktisch den Beginn der medizinischen Nahrungskette. Alle haben die Kranken zum Fressen gern, selbst die Todkranken, denen weder Skalpell, aufwendige Therapien noch die teuersten Medikamente helfen können. Hier naht Hilfe von anderer Stelle – vom Bestatter, Aasgeier und Hyäne im Gesundheitsbetrieb. Im täglichen Klinikalltag sind sie so etwas wie Rudis Resterampe: „Bei uns liegen Sie richtig!"

Lieb und vor allem recht teuer ist uns Patienten die Pharmaindustrie, die für reichlich Nachschub an bunten Pillen, Tabletten und Dragees sorgt, ohne sich um die Nebenwirkungen zu sorgen. Dafür gibt es schließlich die Beipackzettel, gut gefaltet und kaum größer als ein Blatt vom Abreißkalender, aber so dicht bedruckt, dass Tolstois „Krieg und Frieden" draufpassen würde.

Patienten mit eisernem Überlebenswillen sollte aber stets bewusst sein, jedes Medikament hat neben den direkten auch mehrere indirekte Wirkungen und Auswirkungen. Tabletten gegen Bluthochdruck sind oft Ursache starker Kopfschmerzen. Dagegen gibt es zahlreiche Pillen, die aber zu Magenbeschwerden führen können. Hier wiederum helfen Mittel, die oftmals die Nieren angreifen. Das Präparat, welches gut für die Nieren ist, kann zu Herzrhythmusstörungen führen. Bluthochdruck könnte die unausweichliche Folge sein. Doch keine Sorge – siehe oben! – gegen Bluthochdruck gibt es erstklassige Tabletten. So mancher Krankenverlauf gleicht einer rasanten Fahrt im Kreisverkehr, wenn mehr Autos rein- als rausfahren.

Wirkstoffe in Medikamenten sind wie Religionen. Man muss fest dran glauben, wenn nicht, muss man eben dran glauben. Haben Sie Zweifel? Dann nerven Sie Ihren Arzt, Apotheker oder Grabredner!

Eine der genialsten Erfindungen, seit es industriell gefertigte Arzneimittel gibt, ist das Placebo. Dieses Mittel, sozusagen ein Mittel zum Zweck, hilft quasi gegen alles. Außer vielleicht gegen Achselnässe, Halitosis, Analthrombosen oder Nichtwähler. Eigentlich müsste die letzte Silbe im Placebo mit hartem P geschrieben werden, denn das Mittel ist im Grunde genommen für den ...

Dank unermüdlicher Grundlagenforschungen emsiger Pharmakologen haben wir bereits Medikamente, für die es noch gar keine Krankheiten gibt. Nicht selten ist es schon vorgekommen, da wurden neue Wirkstoffe für oder gegen eine Sache entwickelt, und dann ergaben sich völlig andere Einsatzgebiete. Zum Beispiel wollte ein Pharmariese, dessen Firmenname so klingt als wäre es ein Knäuel Wolle, ein Mittel gegen Akutbeschwerden bei Angina pectoris entwickeln. Als das neue Präparat in die heiße Testphase trat und von Probanden ausprobiert wurde, zeigte sich ein neues Krankheitsbild – die Gliedsteife. Völlig – besonders im Hüftbereich – geschwächte Patienten konnten wieder Standing Ovations feiern, denn das blaue Wunderding schärfte müde Frontlader.

Die Pillendreher erkannten das riesige Potenzial ihres Kassenschlagers und verstärkten ihre Forschung, um VIAGRA, so die offizielle Bezeichnung, mit weiteren Anwendungsmöglichkeiten auf den Markt zu bringen. So testen die Forscher derzeitig eine rosafarbene VIAGRA für langjährig verheiratete Männer. Nach der Einnahme dieses halluzinogenen Präparats mutiert für ein, zwei Stunden das eheliche Topfmodell zum unehelichen Topmodell. Speziell für gestresste Hausfrauen will der innovative Pharmariese eine gelbe VIAGRA herausbringen. Damit können sie länger in der Küche stehen. Und die Forschungen gehen weiter. Es wird bereits gemunkelt, dass es bald eine neue Form des Dopings geben wird. Die Pharmakologen köcheln bereits an einer VIAGRA, deren Farbe noch geheim gehalten wird und die auf Hochleistungssportler abgestimmt sein soll. Mögliche Einsatzgebiete kann ich mir gut vorstellen: Stockschießen, Hammerwerfen, Stabhochsprung oder Eiskunstlauf. Da wird doch der doppelte Rittberger zum Kinderspiel, und beim Paarlauf findet die Eisprinzessin in brenzligen Situationen einen Haltegriff.

Doch zurück zu den Apotheken! Ich kann mich nicht des Eindruckes erwehren, dass wir auf diesem Gebiet an einer gewissen Überversorgung leiden. Einige

„Wenn ich ein Bad nehme, gebe ich meinem Mann zwei Stück davon. Er ist dann für drei Stunden der perfekte mobile Handtuchständer!"

Kreisstädte haben mehr Apotheken als manch afrikanisches Entwicklungsland. Bei uns findet man schneller eine Apotheke als eine Kneipe.

Was mir grundsätzlich an den Ausgabestellen der Pharmakonzerne missfällt – Apotheken sehen in Deutschland überall gleich aus. Sie versprühen den Charme von Schulkantinen. Ihnen fehlt frischer Wind, der nicht aus der Hüfte kommt. Als vor vielen Jahren mein alter Apotheker, bei dem ich schon als Kind gern Hustenbonbons kaufte, mit gefühlten hundert Jahren sein Geschäft abgab, endete mit ihm eine grandiose Ära. Stunden hatte ich in seinem Laden, der noch ganz im Stil eines Kolonialwarenhändlers gestaltet war, verbracht. Sein Nachfolger, ein junger dynamischer Apotheker, ließ die altehrwürdigen Räume entkernen und machte daraus eine Null-acht-fünfzehn-Apotheke.

Warum lassen sich diese Pillendreher und Salbenmixer nicht mal etwas Originelles einfallen? Etwas, wo der Patient verdutzt innehält. Kostenlose Blutdruckmessungen und Blutzuckertests oder preiswerte PSA-Tests mit russischer Toleranzgenauigkeit sind da zu wenig. Apotheker sollten sich nicht scheuen, Werbeaktionen durchzuführen. Einige Beispiele zur Anregung hätte ich gratis: Salben, Cremes und Lotionen gibt's ungeschmiert. Nasenspray dagegen im Schnupperangebot und Zäpfchen zum Einführungspreis.

Zeit heilt alte Wunden

Die goldene Ära, in der die Deutsche Rentenversicherung Reha-Kuren großzügig verteilt hat wie SPD-Wahlhelfer rote Luftballons mit sozialdemokratischem Logo, ist endgültig auskuriert. Auch AHBs *(Anschlussheilbehandlungen)*, deren Unkosten den Krankenkassen aufs Gemüt schlagen, werden nur noch genehmigt, wenn die hauseigenen Juristen für Ablehnungen keinen Spielraum mehr sehen.

„Ich würde Ihnen dringend zu einer ambulanten Reha raten", riet mir Dr. Ungelenk.

Ich steckte im Würgegriff tierischer Rückenbeschwerden! Mein Orthopäde diagnostizierte ein Zervikalsyndrom. Ausgehend von der Halswirbelsäule zogen die Schmerzen übers Schulterblatt wie einst die mongolischen Reiter durch die kaukasische Steppe. Später kam noch dieses Taubheitsgefühl hinzu, bis in den linken Handballen. Meiner Frau konnte ich so gut wie gar nicht mehr im Haushalt helfen und entschuldigte mich mit den Worten: „Mein kleiner Finger ist taub."

Mit einem abschätzigen Blick auf meinen Hüftbereich sagte sie: „Offensichtlich nicht nur der!"

Indes fragte ich meinen Orthopäden: „Warum ambulant?"

„Stationär wird kaum noch genehmigt."

„Ich weiß nicht so recht. Alle bisherigen Behandlungen haben doch auch nichts gebracht."

„Sie müssen Geduld haben! Bei einer ambulanten Reha sind die Möglichkeiten einfach besser. Könnte Ihnen wirklich helfen."

Angesichts der martialischen Qualen, unter denen ich litt, willigte ich in den Vorschlag meines Knochenarztes ein.

„Moment!", bremste er meine Euphorie. „Sie sollten nicht so optimistisch sein! Auch ambulante Rehas werden generell abgelehnt."

„Warum?"

„Na, wegen der hohen Kosten! Und das bei den schlechten Langzeitprognosen. Aber ich rate Ihnen, unbedingt in Einspruch zu gehen!"

Dr. Ungelenk gab mir so eine Art Rezept mit, welches ich bei der Krankenkasse einreichen sollte, um die Formulare für die Beantragung einer Maßnahme zur Teilhabe zugeschickt zu bekommen. Als zwei Wochen später endlich der Postbote klingelte und mir einen dicken Umschlag in die Hand drückte, dachte ich anfangs, die neuen TUI-Kataloge wären gekommen.

Wer noch nie eine Reha beantragt hat, sollte tunlichst die Finger davon lassen. Dieser seelischen Belastung sind die Wenigsten gewachsen. Die zugeschickten Unterlagen, deren penibles Ausfüllen oft Monate beansprucht, brachten es auf das Gewicht einer mittelgroßen Altarbibel.

Obwohl unser Leben von der geplanten Zeugung bis zum erlösenden Dahinscheiden von der Rentenversicherung, den Krankenkassen, den Einwohnermeldeämtern, dem Deutschen Geheimdienst und der amerikanischen NSA datenmäßig penibel erfasst wird, verlangen die Rentenbürokraten eine vollständige und lückenlose Selbstauskunft. Keine Operation, Bestandteil jeder Krankenakte, darf der Antragsteller verschweigen. Im Gegenteil! Der Versicherungsträger verlangt noch mehr. Man will den Grund des Eingriffs wissen. Nach welcher Operationsmethode vorgegangen wurde, welcher Arzt in welchem Krankenhaus sie durchgeführt hat. Das anwesende OP-Team muss namentlich vollständig aufgelistet werden. Falsche oder unvollständige Angaben führen unweigerlich zur Ablehnung. Ja, selbst eine unterschlagene durch einen Dermatologen durchgeführte Behandlung einer hartnäckigen Dornwarze kann das endgültige AUS bedeuten.

Die Wochen vergingen. Nur leider nicht meine Rückenleiden. Mit dem schmerzenden Buckel eines Morbus-Bechterew-Kranken saß ich einen vollen Monat über den Formularen. Ein Kinderspiel ist dagegen die Steuererklärung einer mittelständigen Firma im Exportgeschäft. Zwischendurch musste ich immer wieder zur Physiotherapie und zu orthopädischen Kontrollen.

„Sind die Schmerzen besser geworden?“

„Herr Dr. Ungelenk, wie können Schmerzen besser werden?“

„Ich sag’s Ihnen nur ungern“, seufzte der Mediziner. „Sie werden wohl mit Ihren Beschwerden leben müssen.“

„Wie lange?“

„Bis zur Einäscherung. Seien Sie froh, dass Sie kein Hund sind!“

„Wieso?“

„Ich dürfte Sie nicht mehr aus der Praxis lassen. Das Tierschutzgesetz schreibt eine sofortige Einschläferung vor.“

„Aber woher kommen diese Beschwerden nur?“

„Nun ja, Sie haben die Wirbelsäule eines alten Ackergaules. Ihre Bandscheiben sind abgelutscht wie ein Lolli.“

Mein Orthopäde betrachtete sich noch einmal eingehend die Röntgenbilder und untersuchte meinen Rücken.

„Sie haben übrigens eine ausgeprägte Skoliose. Wussten Sie das?“

„Ich weiß ja nicht einmal, wie das geschrieben wird.“

„Eine Wirbelsäulenverkrümmung.“

„Und die ist verantwortlich für die Schmerzen?“

„Nicht nur. Einen hübschen Beckenschiefstand haben Sie auch.“

„Mein Gott."

„Und Senk-, Spreiz- und Plattfüße. Ich werde Ihnen orthopädische Einlegesohlen verordnen."

„Und dann wird es besser?"

„Nein. Wird aber von den Kassen bezahlt."

Inzwischen, keine sechs Wochen nachdem ich meinen Reha-Antrag über den Arzt eingereicht hatte, erhielt ich die Eingangsbestätigung.

„Das ist immer ein gutes Zeichen", versicherte mir Dr. Ungelenk und erkundigte sich nach meinem Rücken.

„Etwas besser geworden."

„Toll, wenn die Physiotherapie langsam anschlägt. Wir sehen uns in drei Wochen wieder."

Das zweite Schreiben, wieder ein paar Wochen später, kam von der zentralen Rentenkasse aus Berlin. Lapidar teilte man mir mit, die Entscheidung über meinen Antrag auf Leistungen zur medizinischen Rehabilitation würde leider nicht in ihren Zuständigkeitsbereich fallen.

„Eine gängige Praxis", erklärte mir Dr. Ungelenk. „Die wollen den Patienten mürbe machen, indem sie die Anträge ein paar Mal quer durch Deutschland schicken. Und niemand ist zuständig."

Ungläubig und fassungslos starrte ich meinen Arzt an. „Aber warum sollten die das tun?"

„Um Zeit zu gewinnen."

„Und inzwischen“, sagte ich irritiert, „ist der Patient auskuriert.“

„Oder verstorben.“

„Und braucht keine Reha mehr.“

„Sie haben’s begriffen.“

„Erstens die schlechte Nachricht: Ihr Antrag auf Kassation des Todesurteils wurde abgelehnt. Es wird sofort vollstreckt.
Zweitens die gute Nachricht: Ihr Antrag auf eine Reha zur Behebung der Folterschäden wurde zur nächsten Instanz weitergeleitet!“

Ich war, entgegen Dr. Ungelenks pessimistischer Auffassung, guter Dinge, denn ich hatte den Antrag korrekt und gewissenhaft ausgefüllt. Ja, selbst meine Kinderkrankheiten konnte ich dank der gewissenhaften Aufzeichnungen meiner Mutter bis zur Befruchtung meiner eigenen Eizelle nachweisen. Lückenlos auch mein Impfausweis und die Liste der familiären Vorerkrankungen, zurück bis zur Krönung Otto I. zum römischen Kaiser.

Inzwischen entfalteten die physiotherapeutischen Behandlungen ihre heilende Wirkung. Die Schmerzen ließen allmählich nach. Immerhin konnte ich mit der linken Hand schon wieder ein kleines Bierglas halten. Ein Fortschritt, den ich sehr zu würdigen wusste. Und dann geschah das Unfassbare, mein Antrag wurde positiv beschieden. Dr. Ungelenk, bei dem ich zufällig am gleichen Tag bestellt war, rieb sich ungläubig die Augen. „Das ist seit Jahren die erste Bewilligung", stammelte er fassungslos.

„Sehen Sie", schmunzelte ich siegessicher, „es geschehen doch noch Wunder."

„Warten Sie's ab! Das hat noch lange nichts zu bedeuten."

Ich ließ mir meine Zuversicht von Dr. Ungelenk nicht madig machen. Ohnehin empfand ich seinen Pessimismus langsam als kontraproduktiv. Auch ein von den chaotischen Wirren unseres Gesundheitssystems genervter Arzt sollte so viel Anstand besitzen, seinen medizinischen Frust nicht so offen vor seinen Patienten zur Schau zu stellen. Und so schritt ich jeden Tag voller Optimismus und mit beschwingter Heiterkeit zum Briefkasten, in der Hoffnung, endlich das Einladungsschreiben des beauftragten Therapiezentrums vorzufinden.

„Na, Herr Levin“, begrüßte mich Dr. Ungelenk bei der nächsten Sitzung, „wann geht’s denn los?“

„Keine Ahnung.“

„Jetzt sagen Sie bloß nicht, die Klinik hätte sich noch nicht gemeldet!“

„Ist aber so.“

„Ich hab’s geahnt, einer ihrer fiesesten Tricks! Wenn Sie mir nicht glauben, rufen Sie in der Klinik an! Die fühlen sich nicht zuständig.“

Als ich von der Physiotherapeutin, die inzwischen dazu übergegangen war, Triggerpunkte zu massieren, nach Hause gekommen war, rief ich sofort in der Klinik an. Nachdem ich meine kompletten Personendaten abgeleiert hatte, hörte ich im Hintergrund das Klimpern einer Computertastatur. Und dann sagte die Dame: „Tut mir leid, Ihre Indikation ist in unserem Haus nicht vorgesehen. Wir haben Ihre Unterlagen an die Rentenstelle zurückgeschickt.“

„Hab ich es Ihnen nicht gesagt?“, triumphierte Dr. Ungelenk. „Was macht übrigens Ihr Rücken?“

„Besser geworden, wesentlich besser."

Und wieder vergingen drei Wochen – mit einer erstaunlichen und umso überraschenderen Wende.

„Herr Doktor, ich brauche keine Reha mehr. Meine Beschwerden sind weg. Restlos weg. Ich bin völlig schmerzfrei."

„Nicht so hitzig, nicht so hitzig! Hat sich inzwischen die Rentenkasse gemeldet?"

„Nein."

„Na ja, wie ich schon sagte, Sie müssen Geduld haben! Bei einer meiner Patientinnen hat es anderthalb Jahre gedauert, bis sie endlich ihren Antrittstermin in der Tasche hatte."

„Immerhin."

„Hat ihr aber leider nichts mehr genützt."

„War wohl auch wieder von selbst genesen."

„Nein, verstorben."

Ein ganzes Quartal passierte nichts. Auch meine Geduld hat Grenzen. Ich rief bei der Rentenkasse an. Im Hinterkopf hatte ich immer die mahnenden Worte meines Orthopäden und langsam witterte auch ich in dieser Praxis ein übles Geschäftsgebaren. Aber dieses Mal blieb ich hartnäckig, ließ mich nicht abschütteln.

„Ja, das ist korrekt", hörte ich die für mich zuständige Mitarbeiterin sagen. „Die Klinik hat uns Ihre Unterlagen zurückgeschickt. Unser Arzt hat noch einmal Ihre Akten geprüft und hat eine andere Klinik für Sie gefunden."

„Und wie geht es jetzt weiter?“

„Die Klinik wird Sie benachrichtigen, wann Ihre Reha beginnt.“

Dr. Ungelenk sah mich aus großen und bewundernden Augen an, als ich ihm diese Neuigkeiten mitgeteilt hatte. „Sie haben’s geschafft, Herr Levin. Gratuliere!“

„Aber Herr Doktor, mir ist die Sache höchst peinlich, jetzt, wo ich doch gar keine Schmerzen mehr habe.“

„Behalten Sie das schön für sich!“, riet mir der Mediziner. „Und ein paar Rückenschmerzen werden Sie wohl noch simuliert bekommen.“

Das war gar nicht nötig, denn ein paar Tage nach meinem letzten Arztbesuch bin ich gleich zum Getränkemarkt gefahren, um meine Biervorräte aufzufrischen. Schon beim Hochheben des ersten Kastens verspürte ich einen Peitschenhieb im unteren Lendenwirbelbereich. Das wurde auch nicht besser, als ich den zweiten und dritten Kasten in den Kofferraum wuchtete.

Als ich endlich alle fünf Kästen unter unsäglichen Schmerzen im Keller verstaut hatte und mich aufs Sofa legte, um die Post durchzusehen, stach mir zwischen belanglosen Werbeprospekten sofort ein Klinikbrief in die Augen. Die Reha-Einrichtung freue sich über das von mir entgegenbrachte Vertrauen und wolle alles daransetzen, baldmöglichst meine Beschwerden lindern zu helfen. Schon nächste Woche sollte es losgehen.

Gott sei Dank! Die Reha kam genau zum richtigen Zeitpunkt.

Jungen ziehen, was ihren späteren Traumberuf angeht, so ziemlich alles in Betracht. Während Kinder im Vorschulalter lediglich Superhelden werden wollen wie Batman, Spiderman, X-Man oder SPD-Vorsitzender, legt der gereifte Grundschüler bei der Auswahl seines zukünftigen Jobs schon Wert auf Prestige und Action, und so stehen Feuerwehrmann, Rettungsarzt, Polizist oder russischer Elitesoldat hoch im Kurs. In der vorpubertären Phase gewinnt der Punkt *Gesellschaftliches Ansehen* an Bedeutung, und Berufe wie Pilot, Fußballprofi, Staranwalt oder Kai Pflaume rangieren ganz oben auf der Agenda. Hat aber erst einmal der unumkehrbare Prozess der Geschlechtsreife eingesetzt, wollen Jungen nur noch eines werden: Frauenarzt!

Ein echt geiler Beruf, schwärmen die Knirpse mit ihrem winzigen Knirps, der sich während der Pubeszenz wie der Kopf einer Schildkröte behutsam aus dem Panzer schiebt. Den ganzen Tag kann man nackte Frauen sehen. Dafür bekommt man auch noch – Achtung! – eine Stange Geld und genießt als Arzt Respekt und Anerkennung. Aber der wohl wichtigste Punkt: Die Gynäkologie ist der einzige Broterwerb, bei dem der Ausübende in unsittlicher Weise weibliche Körperteile berühren darf, ohne dafür strafrechtlich verfolgt zu werden. Außerdem dürfen die Grottenolme der Medizin nach Belieben das geheimnisumwitterte Bermudadreieck erforschen, mit allem, was ihnen dafür zur Verfügung steht, der Uterus-Klemm-Zange, dem Vaginalspekulum oder ihrer feuchten Nase.

Auch ich habe diese heiße Phase bei meiner Berufswahl durchlaufen. Allerdings hielt der Wunsch, Frauenarzt zu werden, nur eine Woche an. Während dieser Zeit malte ich mir die knackigsten 36er Traumkörper aus, die ich vor die Linse bekäme, wenn eine Armada langhaariger Mädels wie bei Germany's next Topmodel durch meine Praxis stelzen würde. Der Gedanke war überaus verlockend. Doch dann trieb mich ein grippaler Infekt zu meiner Hausärztin. Und während ich mit verrotzter Nase schniefend im Wartezimmer hockte, machte ich eine äußerst bedenkliche Beobachtung. Hier lungerte ausnahmslos die Spitze der Alterspyramide herum. Und dann humpelte eine Seniorin in den Wartebereich, mühsam und schwerfällig auf zwei Unterarm-Krücken gestützt. In Gedanken sah ich gerade diese Patientin in mein Sprechzimmer geschlurft kommen und eine gynäkologische Komplettuntersuchung verlangen. Entsetzt wischte ich diese lustkillende Vorstellung beiseite und hakte das Thema endgültig ab.

Viele Jahre später, getreu dem Motto: Man sieht sich immer zweimal im Leben, sollte ich doch noch die Chance bekommen, als Gynäkologe zu praktizieren, wenn auch nur als Aushilfe. Schuld daran war eine Wette, in die ich mich leichtsinnigerweise verstrickt hatte.

Nach vierzig Jahren fand endlich unser erstes Klassentreffen statt. Während die Mädchen, bei einigen hatte ich den Eindruck, sie hätten ihre Mutter geschickt, in Grüppchen zusammengluckten und Familienfotos herumreichten, protzten die Jungen, längst gestandene Männer, mit ihren beruflichen Erfolgen. Hans-Jörg, der als Kind Papierschiffe in der Badewanne versenkt hatte und später zur See fuhr, war inzwischen Kapitän auf einem riesigen Containerschiff. Michael, einst erfolgreicher Fußballer, war Trainer in der zweiten Bundesliga. Jürgen war Starkoch geworden mit eigener Kochsendung. Dieter, unsere größte Geschichtsniete, hatte es zum Bürgermeister in einem brandenburgischen Provinzstädtchen gebracht.

Man kam aus dem Staunen gar nicht mehr heraus. Und dann war ich an der Reihe. Noch ehe ich zum ersten Satz ansetzen konnte, fragte mich Bernd, ob ich Schriftsteller geworden wäre, wie ich einst in einer Vertretungsstunde zum Besten gegeben hatte. Mit einem abschätzigen Blick meinte der Lehrer damals: Ich hätte vielleicht Transpiration, aber keinerlei Inspiration. Die Klasse brüllte, und meine kichernden Mitschüler nannten als Berufswunsch entweder Frauenarzt oder Gynäkologe. Mit einer Ausnahme – Bernd! Er sagte kurz und knapp: „Arzt."

Der Lehrer nickte wohlwollend und fragte nach der Fachrichtung, und Bernd sagte, ohne eine Miene zu verziehen: „Frauenheilkunde.“

Das Paradoxe war nur, wir beide waren die einzigen, die ihre beruflichen Ziele tatsächlich in die Tat umgesetzt hatten. Bernd war erfolgreicher Frauenarzt geworden und führte in einer nahen Kreisstadt als Dr. Bernd Griffel eine gynäkologische Praxis. Aus mir war der erfolglose Buchautor geworden. Trotzdem prahlte ich mit Millionenauflagen und sprach von ausgedehnten Lesereisen, in dem ich ganze Säle füllen würde. Dabei verschwieg ich natürlich, dass meine spärlichen Einnahmen, die ich als Autor verdiente, oft nicht zum Überleben reichten. Deshalb musste ich mich regelmäßig in Minijobs verdingen, half Leuten beim Umzug, renovierte Wohnungen, trug Werbeprospekte aus oder schwirrte als Pizzabote durch die Gegend.

Da ich einige satirische Arztbücher geschrieben hatte, setzte sich Bernd zu mir und wollte Genaueres wissen. Bereitwillig gab ich Auskunft. Ich hatte mehrere Zahnarztgeschichten verfasst, über die Augenärzte geschrieben und die Hausärzte mit Spott bedacht. Aber auch andere Ärzte waren ins Visier meiner spitzen Feder geraten. Ich hatte die Orthopäden, Chirurgen, Internisten, HNO-Ärzte und die Pathologen durch den Kakao gezogen. Nicht zu vergessen die Dermatologen und die Proktologen.

„Und was hast du über uns Gynäkologen geschrieben?“

„Nichts.“

„Warum?“

„Weil ich keinerlei Erfahrung mit Frauenärzten habe.“

„Es gibt Millionen Witze über uns, und dir will keine Geschichte einfallen?“

„Das ist nicht so einfach.“

„Und du nennst dich Schriftsteller?“

„Du hast doch überhaupt keine Ahnung, wie schwer es ist, eine Geschichte zu entwickeln“, erwiderte ich erregt. „Du grapschst Frauen am Busen rum. Das würde selbst ich hinbekommen.“

„Keine zwei Tage würdest du in einer gynäkologischen Praxis aushalten, mein Lieber!“

„Wetten doch!“

Bernd schlug ein und meinte, da könne er ja ganz beruhigt zu diesem Kongress nach München fahren, ohne Termine verlegen zu müssen. Am Vorabend gab er mir einen gynäkologischen Crashkurs, zeigte mir die unterschiedlichsten Abtastarten und erklärte, welche Instrumente zum Einsatz kommen und wie diese zu handhaben sind. Am interessantesten fand ich das Spekulum, eine Art Zange, die einem Entenschnabel ähnelt und aus zwei zum Aufspreizen bestimmten Löffeln besteht. Wenn dieses Instrument zum Einsatz kommt, erhält ein Wort eine völlig neue Bedeutung: *reinschnuppern.*

Als Probandin verdonnerte er seine Sprechstundenhilfe Roxana, eine medizinische Respektperson mit der imposanten Figur einer bulgarischen Gewichtheberin. Bereitwillig streifte sie ihren weißen Kittel ab, schlüpfte aus ihrem Schlüpfer, aus dem man ein Kinderzelt hätte nähen können, und quälte sich auf dieses urige Möbelstück. Bernd demonstrierte das Einstellen der Beinstützen, und schon konnten wir uns sprichwörtlich in die Arbeit verkriechen.

Gut vorbereitet und hoch motiviert erschien ich am Montagmorgen in seiner Praxis. Bernd hatte an der Tür ein Hinweisschild angebracht, auf dem er seine Abwesenheit entschuldigte und mich als Dr. med. gyn. Levin, seine Vertretung, auswies. Einige Patientinnen zogen es vor, wieder abzuziehen und sich von Roxana einen neuen Termin geben zu lassen, ehe sich vor einem wildfremden Doktor zu entblößen. Störte mich aber nicht, denn Bernd zahlte mir ein ansehnliches Pauschalhonorar. Geld konnte ich auch ohne Arbeit gut gebrauchen. Dann endlich nach zwei Stunden die erste Patientin, eine 78-jährige Seniorin, die ihren vier Jahre älteren Ehemann, wie ich annahm, im Schlepptau führte. Dem Mann war es offensichtlich äußerst peinlich, zum Frauenarzt mitgenommen zu werden. Er sah ziemlich mitgenommen aus.

„Was führt Sie zu mir?“

„Herr Doktor“, begann die Frau, „ich habe fünf Kinder, elf Enkel und zwei Urenkel. Mein Mann ist schon vor einigen Jahren verstorben. Das hier ist Friedrich, mein – wie sagt meine Enkelin Nancy immer so schön? – mein Lover.“

„Nicht Lover!“, widersprach Friedrich. „Stecher, hat sie gesagt.“

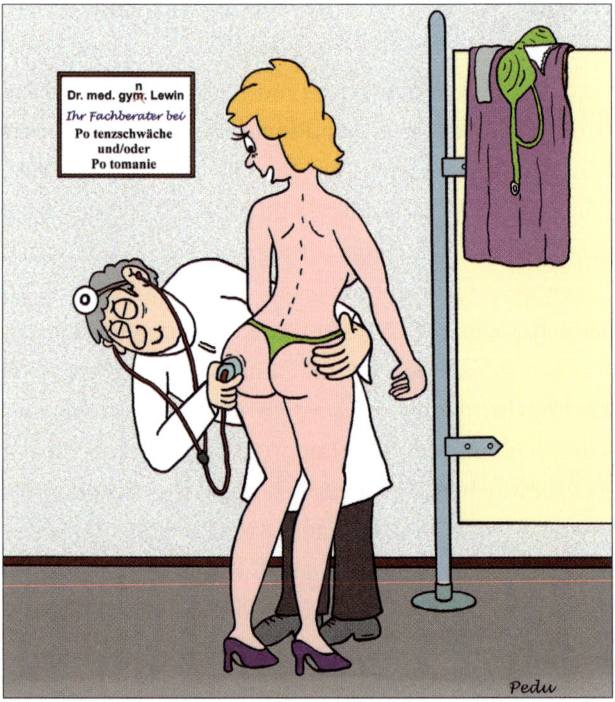

Herr Doktor, tut das ...?

Ich musste lächeln und überlegte bereits, ob man das nicht in einer Geschichte verwenden könne.

„Friedrich ist Vater von drei Kuckuckskindern und in diesen Angelegenheiten sehr empfindlich. Herr Doktor, und lügen Sie mich bitte nicht an, kann ich noch schwanger werden?“

„Aber nein, das ist völlig unmöglich.“

„Siehst du!“, brauste die Seniorin auf. „Ich habe dir doch gesagt, wir brauchen nicht mehr aufzupassen.“

Die nächste Patientin, die nur ‚Oma Herta‘ genannt werden wollte, war über neunzig. Jetzt verstand ich auch Bernds Prophezeiung, ich würde es keine zwei Tage aushalten. Ich erinnerte mich wieder an meinen jugendlichen Alptraum mit der alten Frau auf den Krücken. Zum Glück verlangte sie keine eindringlichen Nachforschungen, sondern wollte lediglich die Pille verschrieben haben.

„Meine Mutter“, erklärte die rüstige Seniorin, „sagte immer: Mädchen, sei auf der Hut und verhüte!“

„Aber gute Frau“, sagte ich überrascht, „Sie sind doch gar nicht mehr fruchtbar.“

„Ich nicht, aber mein Liebhaber.“

Einverstanden, dachte ich. Für solche Fälle hatte Bernd Blankorezepte dagelassen. Und über die Wechselsprechanlage wies ich Roxana an: „Bitte ein Rezept! Oma Hertas letzter Wille ist die Pille.“

Und so ging das den ganzen Tag. Keinerlei Frischgemüse! Ich fragte mich, ob nur Frauen jenseits des Klimakteriums zum Frauenarzt gehen. Auch am nächsten Tag schien keine Besserung in Sicht, bis endlich am Nachmittag eine äußerst attraktive Brünette, Mitte dreißig, vor mir saß. Meiner Aufforderung, sich zu entblößen, kam sie nur zögerlich nach.

„Mit Ihrer Figur brauchen Sie sich nun wirklich nicht zu verstecken", schmeichelte ich. Sie lächelte beschämt und ließ mich zum Abtasten ihrer Brüste und Achselhöhlen gewähren. Bernd hatte mir die nötigen Grifftechniken an Roxanas ausladenden Wölbungen beigebracht.

„Sie können unbesorgt sein", sagte ich nach der Untersuchung, zu der ich mir genüsslich viel Zeit genommen hatte, „Ihr Drüsengewebe ist völlig in Ordnung, keine pathologischen Auffälligkeiten. Aber den Rest würde ich mir auch gern noch angucken."

Sie hüstelte verlegen: „Herr Doktor, das geht nicht!"

„Als behandelnder Arzt muss ich aber darauf bestehen!"

„Es ist mir sehr peinlich", druckste sie herum, „im Moment habe ich Besuch vom Roten Platz. Außerdem ... ich hatte heute Morgen ... Wissen Sie, mein Mann ... also, wir waren sehr unbeherrscht ..."

„Aber das ist doch unhygienisch! Da kann er sich doch was wegholen."

„Ja, hat er auch", schmunzelte sie, „einen Rotstift."

Am dritten Tag betrat ein Mann die Praxis.

„Sie haben sich in der Tür geirrt“, wies ich ihn ab, „ich bin Spezialist für Frauenleiden.“

„Dann bin ich hier genau richtig. Wissen Sie, wie ich unter meiner Frau leide?“

Das Gespräch dauerte über eine halbe Stunde, nicht wissend, dass ich sogar über psychologische Ambitionen verfügte. Glücklich und zufrieden verließ er die Praxis. Die nächste Patientin, jetzt wurde es heikel, verlangte, dass ich ihr eine Spirale einsetze. Sie wollte nach der zweiten Geburt auf die Pille, „dieses chemische Zeug“, wie sie sagte, verzichten.

„Verwenden Sie doch Kondome!“

„Geht nicht! Mein Mann leidet unter Klaustrophobie. Er kann sich nicht in so ein enges Lümmeltütchen zwängen.“

„Aber der Geburtskanal ist doch auch nicht viel größer?“

Ihre Gesichtszüge verfinsterten sich plötzlich. „So habe ich das noch gar nicht gesehen“, erwiderte sie. „Dieser Schauspieler! Na, der kann was erleben.“

Am Donnerstag kam eine durchaus charmante Dame in den Vierzigern zum Ultraschall. Glücklicherweise hatte mich Bernd auch in die diagnostische Form der transvaginalen Sonographie eingewiesen. Mit der Routine eines erfahrenen Frauenarztes platzierte ich die Sonde, wie der Sprengmeister die Dynamitstange ins Bohrloch schiebt. Ich hielt mich genau an die Abläufe, wie sie mir Bernd beigebracht hatte, als die Patientin plötzlich lustvoll zu stöhnen begann.

Mein erster Gedanke, mir wäre ein ärztlicher Kunstfehler unterlaufen. Besorgt fragte ich: „Tut das weh?“

„Oh nein, Herr Doktor“, keuchte sie, „Sie machen das ganz toll. Ja ... oh ja, weitermachen, weitermachen, nicht aufhören!“

Auch mein letzter Tag hatte es in sich. Nach ein paar belanglosen Routineuntersuchungen betrat eine mittelreife Patientin die Praxis, bei der der untersexte Mann denkt: ‚Gut, warum eigentlich nicht?‘

„Was führt Sie zu mir?“, fragte ich, wobei mich ihre Augen schamlos anblitzten wie das Radargerät in der Dreißigerzone, wenn man zu schnell gekommen ist.

„Herr Doktor, ich bin so verzweifelt. Immer wenn ich rauche, muss ich an Sex denken. Was soll ich nur tun?“

Ich schmunzelte mit der verständnisvollen Geste eines erfahrenen Arztes und meinte: „Gut, ehe wir uns überlegen, was wir tun können, rauchen wir erst mal eine!“

Kaum hatte die zufriedene beziehungsweise befriedigte Dame das Behandlungszimmer verlassen, klingelte das Telefon. Bernd war am Apparat. Roxana hätte ihm schon berichtet, dass ich mich fantastisch machen würde. Dem wollte ich nicht widersprechen und antwortete lediglich: „Es gab schon einige Anlaufschwierigkeiten. Aber es macht richtig Spaß. Am liebsten würde ich mir Arbeit mit nach Hause nehmen.“

„Nehmen Sie die Pille oder Kondome?"
„Die Pille, weil, Kondome schmecken nach Latex!"

Ich wollte schon meine Vertretungswoche beenden, als Roxana über die Wechselsprechanlage verkündete: „Oma Herta ist noch mal da."

„Soll reinkommen!"

Da ging auch schon die Tür auf und Roxana schob die wunderliche Alte ins Sprechzimmer. Oma Herta blieb, als sich unsere Blicken kreuzten, stehen und wetterte gleich los: „Herr Doktor, was haben Sie mir da für einen Murks angedreht?"

„Die Pille. Die wollten Sie doch."

„Aber die hält nicht!"

„Wie, die hält nicht?"

„Das Scheißding rutscht immer wieder raus!"

Der frühe Vogel killt den Wurm

Nirgends wird mehr gepfuscht und geschlampert als in deutschen Krankenhäusern. Patienten, die gutgläubig ihr Schicksal in die Hände eines unmotivierten und völlig frustrierten Klinikpersonals legen, sollten im Vorfeld lieber ihren Nachlass regeln und sich um eine Sterbeversicherung kümmern. Die rettet sie zwar nicht vorm sicheren Ableben, hilft aber Hinterbliebenen durch nervenaufreibende Gerichtsprozesse und anschließend, mit dem Gröbsten fertig zu werden.

Die Liste ärztlicher Kunstfehler ist lang und würde selbst den Umfang der dreißigbändigen Brockhaus Enzyklopädie sprengen. Die Klassiker pfeift jeder Spatz vom Klinikdach, weshalb Kleinkinder beim Anblick eines Weißkittels in Schockstarre verfallen, gegen die Kinderpsychologen machtlos sind.

Anstatt das linke Raucherbein zu amputieren, entschied sich der Chirurg für das rechte. Er war wohl der Meinung: Auf einem Bein kann man ohnehin nicht stehen. Einer wehrlosen Patientin wurden völlig gesunde Zähne gezogen, weil der Zahnarzt, alkoholisiert und mit Restspuren von Amphetaminen im Blut, seitenverkehrt aufs Röntgenbild geguckt hat. Während ich diese Geschichte aufs Papier brachte, wurde im Klinikum Bremen-Mitte einem jungen Mann anstatt der Milz eine gesunde Niere entfernt. Das kann doch nicht gesund sein! Regelmäßig lassen Operateure auch Gegenstände in Bauchhöhlen zurück, wie Pinzetten, Scheren, Operationsklemmen, Tupfer oder ihre Fahrzeugpapiere. Möglich, dass sie sich dabei bewusst nach einer alten chinesischen Weisheit richten: Wer nimmt, muss auch geben!

Ich war also gut gewappnet, obwohl ich nichts Schlimmes zu befürchten hatte, als ich wegen einer läppischen Blinddarmoperation in unser Kreiskrankenhaus eingeliefert wurde. Die chirurgische Entfernung des Appendix vermiformis ist keine große Sache. Ein medizinischer Klacks, der ohne nennenswerte Komplikationen bereits von Studenten im Erstsemester durchgeführt werden kann. Also kein Grund, gleich sein Testament aufsetzen zu wollen! Alles verlief zunächst reibungslos, selbst bei der ersten Visite keine verdächtigen Auffälligkeiten.

Mein Bettnachbar wollte sich dagegen, und das war der absolute Hammer, seinen Hammer abschnippeln lassen, sprich einer Geschlechtsumwandlung unterziehen. Auf meine Frage nach seinem Grund antwortete er ganz lapidar: „Mir wird schlecht bei diesem Geschlecht."

„Aber Sie wissen schon, dass Sie nach dem Eingriff ...", an dieser Stelle musste ich lachen, woraufhin mich die Frau in spe stutzig musterte. „Müsste das nicht eigentlich Abgriff heißen?" Jetzt musste auch er beziehungsweise sie schmunzeln.

„Was wollten Sie eigentlich sagen?"

„Sehen wir uns nach der OP wieder oder werden Sie in ein Frauenzimmer verlegt?"

„Keine Ahnung. Wäre wahrscheinlich sicherer."

Am nächsten Morgen wurde mein Bettnachbar von zwei kräftigen Pflegern zur ersten Operation des Tages abgeholt. Dann sollte es mir an den Kragen, vielmehr an den Wurmfortsatz gehen. Die Vorbereitungen liefen auf Hochtouren. Zwei Schwestern hantierten an mir herum wie rumänische Metzgergehilfen an deutschen Schweinehälften. Und während mich die Jüngere von den Kniekehlen bis zu den Achselhöhlen rasierte, was ich reichlich übertrieben fand, gab mir die zweite eine Beruhigungsspritze und überprüfte Blutdruck und Puls. In einem angenehmen Dämmerzustand wurde ich den langen Gang zu den OP-Sälen geschoben. Mein Bettnachbar hatte seinen Eingriff bereits überstanden. In Höhe des Schwesternzimmers wurde er an mir vorbeigeschoben. Ich war echt überrascht und dachte: Wenn Geschlechtsumwandlungen so fix gehen, dann erledigen die Operateure meinen Blinddarm zwischen Marmeladentoast und Frühstücksei.

Als sich die OP-Türen hinter mir schlossen, begann plötzlich ein hektisches Treiben. Wahrscheinlich war das OP-Team etwas im Zeitverzug und setzte alles daran, pünktlich in die Cafeteria zu kommen. Und während der Anästhesist die Narkose vorbereitete, beugte sich der Chef der Crew über mich und fragte mit sonorer Stimme: „Ich muss Sie das jetzt fragen, der Gesetzgeber verlangt es so: Sind Sie sich ganz sicher?“

„Ja klar, wäre ich sonst hier?“

„Es wird kein Zurück mehr geben.“

„Das weiß ich doch. Aber sehen Sie, dieses kleine Würmchen ist für mich völlig überflüssig. Macht nur Ärger. Also, schnippeln Sie's weg!“

Kurz darauf dämmerte ich weg. Als ich wieder zu mir kam, war mein erster Gedanke: Ich lebe! – Das ist heutzutage nach Operationen nicht selbstverständlich. Umso mehr ein würdiger Anlass, sich seines Daseins zu erfreuen.

Mein Bettnachbar, oder sollte ich treffender meine Bettnachbarin sagen, war nicht verlegt worden.

„Na, alles gut gelaufen?“, fragte ich dieses geschlechtsneutrale Wesen.

„Soweit ich weiß, ja.“

„Freut mich. Mal sehen, was die Visite bringt.“

Und die hatte es dann in sich. Unser operierender Chirurg, der leitende Oberarzt höchstpersönlich, führte die Delegation, bestehend aus zwei jungen Assistenzärzten, einer Schwester sowie einer Schwesternschülerin, an. Zunächst widmeten sie sich meiner Bettnachbarin und bauten sich an deren Fußende auf. „Wie fühlen Sie sich?“

„Gut.“

„Das freut uns. Ihre OP ist problemlos verlaufen. Für uns ein Routineeingriff, den wir hier mehrmals wöchentlich durchführen."

Meine Bettnachbarin sah den Oberarzt mit erstaunt ungläubigen Augen an. Ich konnte förmlich sehen, wie die Rädchen in ihrem Kopf rotierten. Sollten sich wirklich so viele Leute aufs andere Geschlecht umfriemeln lassen?

Und dann hörte ich einen Satz, der meine Ohren zum Klingeln brachte wie die Glöckchen am Christbaum. Der Oberarzt sagte zu ihr: „Na dann, erholen Sie sich noch gut, Herr Levin!"

Ich warf sofort einen ängstlichen Blick unter meine Bettdecke. Mein Herzmuskel pumpte plötzlich derart hektisch, dass ich glaubte, meine Schädeldecke würde wegfliegen. Hier war doch gründlich was schiefgelaufen. Ich fühlte mich wie ein Angelhaken ohne Wurm.

„Ich bin nicht Herr Levin", protestierte indes meine Bettnachbarin. „Mein Name ist Paul Kleingeist, äh Paula Kleingeist."

„Oh!", stieß der Chirurg einen tiefen Seufzer aus, starrte verdutzt auf die Krankenakten und im nächsten Augenblick auf mich: „Ich fürchte, dann habe ich jetzt eine schlechte und eine gute Nachricht für Sie."

„Bitte erst die schlechte!"

„Ab sofort werden Sie sich beim Pinkeln hinsetzen müssen!"

„Das habe ich früher auch schon getan."

„Ausgezeichnet, dann wird Ihnen ja die Umstellung nicht so schwerfallen.“

„Und die gute, was wäre dann die gute Nachricht?“

„Eine leichte Gewichtsabnahme.“ – Und tatsächlich, als ich auf die Waage kletterte, fehlten zweieinhalb

„Den hat uns eine deutsche Krankenkasse vermittelt, als perfekter Haremswächter!“

Kilo, netto. Nach vielen vergeblichen Abmagerungskuren bis hin zu einer Gewaltdiät, ein doch schönes Resultat.

Einen Vorwurf kann und will ich dem Chirurgen

nicht machen. Medizinisch hat er alles richtiggemacht, nur leider am falschen Patienten. Für den Operateur ein kleiner Schnitt, für mich ein großer Schnitzer. Klagen werde ich nicht, jedenfalls nicht vor Gericht.

Ich hätte eben vorher aufmerksamer sein müssen, denn wie behauptet schon dieses ornithologische Sprichwort? „Der frühe Vogel killt den Wurm." Der Chirurg hieß nämlich Doktor Raabe.

Eine Frage, sozusagen von philosophischer Bedeutung, lässt mich seitdem nicht mehr los. Wer oder was bin ich jetzt? Ein teilamputierter Mann, eine Frau im vorvaginalen Fertigungszustand oder gar das geheimnisumwitterte dritte Geschlecht?

Erstaunlich locker ging meine Frau mit dieser Situation um. „Gar nicht so übel", schmunzelte sie, „dann hätte ich schon mal ein passendes Geburtstagsgeschenk für dich."

„Und das wäre?"

„Slipeinlagen."

Neue Zähne mit Biss

Medizinern sollte man vertrauen, keucht der Volksmund, und die Bundesärztekammer erwartet es sogar. Dabei hat eine Untersuchung des wissenschaftlichen Instituts der AOK herausgefunden: Je größer die Ärztedichte, desto geringer die Lebenserwartung! Für Großstadtpatienten ist also oberste Vorsicht geboten! Bei medizinisch heiklen Problemen lieber eine Zweit- besser noch eine Drittmeinung einholen! Wer dennoch seinem Arzt blind vertraut, sollte sicherheitshalber eine Sterbeversicherung abschließen und beim Notar seinen letzten Willen hinterlegen. Wenden Sie sich vertrauensvoll an einen Versicherungsvertreter, Nachlassverwalter oder Bestatter!

Dentologischen Patienten, deren Kauruinen in den Zahntaschen kippeln wie ein Wackeldackel in der Hutablage eines älteren Opelpiloten, rate ich dringend: Nehmen Sie mit schlechten Zähnen den Mund nicht zu voll! Besonders nicht vor Zahnärzten. Gerade dieser medizinischen Spezies sollten Patienten nur die Zähne und nicht ihren Kontostand zeigen, denn wenn diese Maulhelden Geld wittern, wie der scharfe Rüde die läufige Hündin, verpassen sie selbst gesunden Gebissen eine Komplettsanierung. Heute werden Zähne um jeden Preis erhalten. Und das können Sie wörtlich nehmen!

Kaum einer erinnert sich noch an die grauen DDR-Zeiten, als auch Zahnärzte unter der Mangelwirtschaft litten. Kariöse Zähne wurden damals verplombt wie Container, nachdem sie den Zoll passiert haben. War ein Zuspachteln mit dieser grauen Amalgampampe nicht mehr möglich, wurden Zähne einfach gezogen – auch ohne Ausreißeantrag.

Wie oft habe ich die drei Worte aus Doktor Steinbeißers Mund gehört? Sein Imperativ klang nach der prähistorischen Kanzlerin Angela Merkel – alternativlos: „Der muss raus!“ – Ein Satz, den man heute nur noch auf sächsischen Ausländerbehörden oder Dresdner PEGIDA-Demos hört. Und wenn ich ihn verängstigt anstarrte, nickte er mit der optimistischen Zuversicht unserer uckermärkischen Bundesmutti und sagte beruhigend: „Wir schaffen das.“

Doktor Steinbeißer war bis zur deutschen Wiedervereinigung der ärztlichen Auffassung: Gezogene Zähne richten keinen Schaden mehr an. Mit Einführung der D-Mark änderte sich seine Meinung, denn er hatte festgestellt, gezogene Zähne bringen auch keinen Nutzen mehr, und zwar für seinen Umsatz. Also sagte er sich: Willst du das Geld deiner Patienten erhalten, musst du ihre Zähne erhalten.

Mit der Zeit brachte uns unser Zahnarzt um sämtliche Amalgamfüllungen und um unsere mageren Spargroschen. Wir vertrauten ihm mit geschlossenen Augen und geöffnetem Mund. Denn was die Fachpresse über Amalgam berichtete, klang ja auch wirklich beängstigend. Dieser Gefahr wollten wir uns um keinen Preis länger aussetzen. Und während Kollegen, Bekannte, Verwandte oder Nachbarn in die schöne weite Welt aufbrachen, sich ferne und exotische Länder eroberten, ihre Wohnungen neu einrichteten und sich tolle Autos finanzieren ließen, kamen wir lediglich bis zu Doktor Steinbeißers Praxis, mit unserem Trabant 601S de luxe. Dort erhielten wir eine umfassende Versorgung mit allem, was die moderne Zahnmedizin samt angeschlossener Zahntechnik bereithielt. Löcher in unseren maroden Zähnen wurden mit Inlays vergoldet. Diamantkronen funkelten durch die Zahnreihen. Zahnlücken wurden mit preisintensiven Implantaten geschlossen. Viermal jährlich unterzogen wir uns einer professionellen Zahnreinigung. Wir hatten zusammen mehr Brücken als manche Stadt an Rhein oder Mosel.

Und dann schlug unsere Stunde. Mit tadellos hergerichteten Gebissen konnten wir uns auf jeder Party sehen lassen. Makellos strahlten unsere Zähne, in Reih und Glied ausgerichtet wie die königlichen Wachsoldaten vom Buckingham Palace.

„Das muss ja ein Vermögen gekostet haben“, stöhnte unser Umfeld.

„Ja“, schmunzelten wir, „bei uns bekommt das Wort *Kopfgeld* eine völlig neue Bedeutung.“

Damit keine falschen Vorstellungen aufkommen:

Wir wurden bedauert, nicht beneidet – von Leuten, deren Mundhöhlen fürchterlichen Steinbrüchen glichen, samt aasigen Verwesungsgerüchen, die um grauschwarze Zahnfragmente wehten. Und manchmal konnte ich es mir einfach nicht verkneifen: „Sag mal, ist das nicht lästig, so eine Ernährung mit Schnabeltasse?“

Inzwischen hatten wir uns an die regelmäßigen Zahnarztbesuche gewöhnt, waren förmlich süchtig darauf wie der Junkie nach dem nächsten Schuss. Dieses erhielten wir in Form weniger Worte aus Doktor Steinbeißers berufenem Mund. Wenn er sagte: „Alles in Ordnung. Wir sehen uns im nächsten Quartal wieder!“, rauschte eine gewaltige Ladung Dopamin durch unsere verängstigten Körper, und wir freuten uns über den dreimonatigen Waffenstillstand.

Mit den Jahren hatte die Abhängigkeit von unserem Zahnarzt bizarre Formen angenommen. Wir fühlten uns ihm gegenüber schuldig, weil er uns ja regelmäßig euphorische Glücksschübe bescherte. Es war an der Zeit, etwas für ihn zu tun, ihm neue Patienten zu rekrutieren. Wer schon einmal Kundenakquise betrieben hat, weiß, wie schwer es ist, Menschen von etwas Gutem und Nützlichem zu überzeugen. Auf dem dentistischen Feld fast unmöglich. Wer geht schon gern zum Zahnarzt? Gut, wer keine Zähne mehr hat.

Von nun an lenkten wir bei jeder Gelegenheit die Gespräche auf dieses heikle Thema. Eines Tages trafen wir in der Obst- und Gemüseabteilung des Supermarktes Frau Goldbach, eine Seniorin aus dem Nachbarhaus. Mit einem Seufzer legte sie das Bund Möhren zurück. Und noch während sie unentschlossen wankte, sagte ich freundlich zu der Rentnerin: „Na, Frau Goldbach, wieder mal 'ne schöne Möhre schnurpsen?“

„... führen Sie die Zange vorsichtig an den richtigen Zahn!"

„Nur püriert krieg ich die Dinger runter.“

„Ja, Frau Goldbach, gesunde Zähne sind das A und O im Leben. Mit Doktor Steinbeißer müssten Sie auf Rohkost nicht verzichten.“

„Aber der soll doch so teuer sein."

„Qualität hat nun mal ihren Preis. Und bedenken Sie: Ein gesundes Gebiss, Frau Goldbach, bringt neue Lebens- und Genussfreuden."

„Aber das viele schöne Geld", jammerte die Seniorin.

Mit dem Satz: „Sie verzichten, damit sich Ihre Erben später ins Fäustchen lachen können", hatte ich sie restlos überzeugt und wurde mit einer kostenfreien PZR belohnt.

Erika und Felix Stürzler erwiesen sich als härtere Nüsse. Aber diese knackten wir mit ihrer Eitelkeit. „Ist das nicht furchtbar", sagten wir zu den beiden, „wenn man bei jedem Lachen aufpassen muss, seinen Mund nicht zu weit aufzureißen?" Zwei weitere professionelle Gebisssäuberungen hatten wir in unseren Zahntaschen.

„Alle Achtung", lobte Doktor Steinbeißer. „Noch ein Patient, und Sie bekommen das nächste Inlay gratis."

Diese Worte versetzten uns einen regelrechten Motivationsschub. Ich schlug meiner Frau vor, es mal mit Josef Grünspan zu versuchen, einem pensionierten Polizisten, der ständig über seine schlechten Zähne jammert.

„Grünspan", lachte meine Frau, „der hat doch mehr Schiss als Vaterlandsliebe."

Ich holte zwei Flaschen Pilsner aus dem Kühlschrank und stieg drei Treppen tiefer zu meinem nächsten Opfer, das ich unbedingt an Doktor Steinbeißers Bohrer liefern wollte.

„Was verschafft mir die Ehre?“, fragte Grünspan misstrauisch. Einmal Polizist, immer Polizist!

„Wollte mal sehen, wie’s Ihnen geht.“

Wir plauderten fast eine Stunde völlig entspannt. Sprachen über Gott und die Welt und dass früher alles besser, wenn nicht gar noch besser gewesen wäre. Ich versuchte, mit geschickt eingestreuten Begriffen aus der dentistischen Branche allmählich den Nährboden für mein eigentliches Anliegen zu bereiten. Und sagte so Sachen wie: „Heutzutage kriecht manch einer auf dem Zahnfleisch.“ Oder: „Hast du von der Schlägerei gehört? Drei Zähne haben sie dem armen Kerl ausgeschlagen.“ Oder: „Den Zahn können sich aber unsere Politiker ziehen lassen!“

Grünspans Gebiss glich einem Hochsicherheitstrakt, alles verplombt. Und das seit über dreißig Jahren.

„Ich weiß“, winselte Josef, „eigentlich müsste ich längst mal wieder ...“

„Du musst gar nichts!“, sagte ich entschieden. „Wir leben in einem freien Land.“

„Aber ich habe entsetzliche Schmerzen, kann nichts Hartes mehr essen, muss die Kruste vom Brot abschneiden. Nur Suppe und Brei, das ist doch kein Leben.“

„Wahrlich, das ist nicht schön. Da bin ich ja froh, bei

Doktor Steinbeißer in Behandlung zu sein. Einer der besten Ärzte seiner Zunft."

„Wäre nicht diese entsetzliche Scheißangst."

„Doktor Steinbeißer ist für seine schmerzarme Behandlung berühmt. Bei ihm spürst du nichts, absolut nichts. Deshalb kann er sich ja vor Patienten kaum retten." Und dann sagte ich den alles entscheidenden Satz: „Er nimmt, glaube ich, auch gar keine neuen Patienten mehr an."

„Nicht", stöhnte Josef entsetzt.

„Nun ja, ich meine, da ich einen guten Draht zu ihm habe, wäre es schon möglich ..."

„Es soll nicht zu deinem Schaden sein", flehte mich Josef an, und ein paar Tage später sagte ich seufzend zu ihm: „Puh, das war eine harte Nuss. Mit Engelszungen habe ich auf ihn eingeredet und nur mir zuliebe hat er einen Termin herausgerückt."

Allen war geholfen: Doktor Steinbeißer erhielt einen zahlungskräftigen Patienten, bei dem es an jedem noch vorhandenen Zahn was zu tun gab. Wir erhielten kostenfreie Inlays. Und Josef Grünspan freute sich nach knapp zwei Jahren intensivster Behandlung über das tadellose Gebiss eines gesunden Mitteleuropäers, mit dem er, als die letzte Krone eingepasst war, glücklich und zufrieden ins Gras beißen konnte.

Keine Neurose bei dieser Diagnose

Man sollte nicht glauben, Ärzte hätten keinen Humor. Es gibt sogar Ärzte, die als Humorist mehr erreicht haben als in ihrem erlernten Beruf. Denken Sie nur mal an Eckart von Hirschhausen! Der hat nämlich sehr früh erkannt, ein Witz kann besser heilen als manche Pille aus den Giftküchen unserer Pharmapanscher. Und Hirschhausen traf mit seinem Satz – *Spaß treibt das Gehirn an* – wie der Hammer auf den sprichwörtlichen Fingernagel: Vati kloppt sich auf den Daumen und die Kinder lachen sich halb krank – nein, natürlich gesund.

Doktor Ludger Stratmann ist auch so einer wie Hirschhausen. Eigentlich ist der Bottroper gelernter Allgemeinmediziner, therapiert aber lieber seine Patienten präventiv vor den Fernsehgeräten, damit sie nicht erst krank werden.

Ob Sie's mir glauben oder nicht, ich kenne auch so ein Doppelgenie, der sich aber weder für das eine noch für das andere entscheiden kann. Mein ärztlicher Freund und Bühnenpartner Doktor Jörg Vogel, der sich in seiner geriatrischen Praxis tagsüber das Gejammer und Gestöhne seiner hochbetagten Klientel anhören muss und abends auf Kleinkunstbühnen die Patienten, sozusagen von oben herab, behandelt. Hin und wieder treten wir gemeinsam auf, er als Arzt, ich als Patient. Auf diese Weise bin ich zu allerhand Insiderwissen gekommen. Und das wollen Sie nun wirklich nicht wissen. Oder etwa doch? Na gut, ausnahmsweise ein Fall: Einer von Doktor Vogels Patienten ist ein durchaus putziges Exemplar. Er ist, wie neunzig Prozent seiner Karteifälle, älteren Semesters und gehört zu jener Generation, die von ihren Urenkeln gern gefragt werden: „Opa, hast du früher Dinosaurier gejagt?". Sein Name ist Semmelmann. Aus Datenschutzgründen und wegen der ärztlichen Schweigepflicht darf ich aber dessen Klarnamen nicht verwenden und nenne den Herrn mit Cottbuser Kranz, eine weißhaarig umsäumte Glatze, kurz Semmler. Einmal im Quartal kommt der rüstige Senior in die Praxis, um dem Arzt zu zeigen: He Doc, ich lebe noch! Semmler gehört zu den sogenannten Verdünnern, die unterhalb des Budgetdurchschnitts liegen. Doktor Vogel muss ihm relativ wenige Medikamente zur Aufrechterhaltung seiner Körperfunktionen verschreiben, und die eigentlich auch nur, um seinem Patienten das gute Gefühl zu geben, sein Arzt tue etwas für ihn.

Als Semmler wieder einmal nach einer größeren Durchsicht einschließlich urologischer Hafenrundfahrt und der Untersuchung aller Körperflüssigkeiten zur Auswertung kam, fragte der manifestierte Hypochonder mit ängstlicher Stimme: „Haben Sie schon die Laborbefunde?"

„Selbstverständlich, Herr Semmler, und ich kann Ihnen nur Positives berichten."

Semmler stand wie vom Donner gerührt. Er traute Medizinern im Allgemeinen und seinem Hausarzt im Besondern nicht übern Weg. Ärzte verraten ihren Patienten nur selten die Wahrheit. Die Hausärztin seiner Nachbarin Frau Todte prophezeite ihr, dass sie locker neunzig werden würde. Eine Woche später war sie tot.

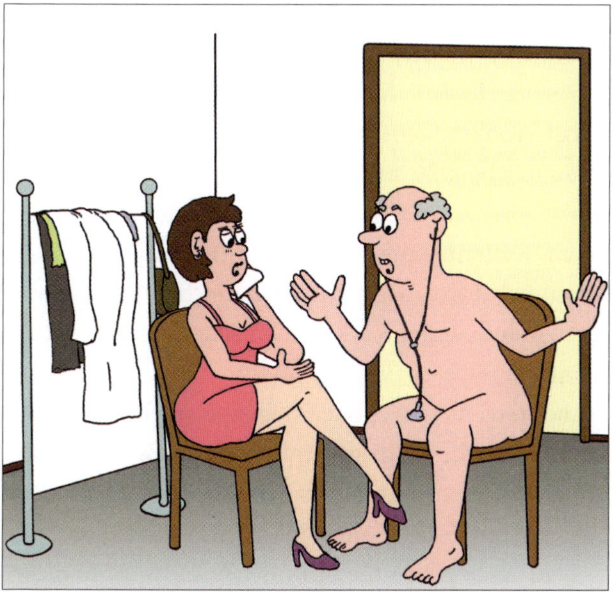

„Weshalb sind Sie eigentlich nackt?"
„Weil, weil ich, ich, weil ich als Chefarzt bestimmen kann, wer sich wann und wo vor mir auszieht!"

Gut, sie wurde in einer 30er Zone von einem Kleintransporter überfahren, der die Aufschrift trug: „Eilige Medikamente".

„Ich habe es befürchtet", stammelte Semmler geknickt, „positiv."

„Kein Grund zur Beunruhigung", versicherte Doktor Vogel seinem argwöhnischen Patienten.

Semmler wusste, diese ärztlichen Beschwichtigungen sind ein Fall für die Tonne. Mediziner würden selbst Todkranken auf dem Sterbebett zuflüstern: „Nun machen Sie sich mal keine Gedanken! Das wird schon wieder." Selbst ein Amputationschirurg, der einem Kettenraucher die unteren Extremitäten abgeschnippelt hatte, sagte dem aus der Narkose erwachten: „Keine Sorge, Sie kommen schon wieder auf die Beine."

Andererseits gibt es auch Gegenbeispiele. Einem Patienten um die sechzig wurde nach Auswertung aller Untersuchungen mit dem gebotenen Respekt offeriert: „Sie müssen jetzt mit dem Schlimmsten rechnen!"

„Wie lange geben Sie mir noch?", antwortete dieser mit gefasster Stimme.

„Keine vier Monate." – Der Mann nahm einen Riesenkredit bei seiner Hausbank auf, kündigte danach seinen Job und verbrachte sein restliches Leben so angenehm wie möglich. Mit 92 Jahren starb er an Altersschwäche, völlig verarmt und hochverschuldet.

„Herr Semmler, freuen Sie sich! Positiv ist doch gut."

„Negativ wäre gut."

„Doch nur im medizinischen Sinn", erklärte Doktor Vogel. „Herr Semmler, Ihre Befunde sind alle in Ordnung, Ihre Blutwerte tipp topp, keinerlei Auffälligkeiten im Urin, auch Ihr Stuhl ist völlig in Ordnung."

„Woher wollen Sie das wissen?", brauste Semmler auf. „Ich habe vier Stühle und einer davon wackelt."

„Das mag ja sein. Aber bei der Stuhluntersuchung Ihres ..., naja Sie wissen schon, wurden keine Unregelmäßigkeiten festgestellt. Ich bin sehr zufrieden mit Ihrem Gesundheitszustand."

„Was macht Sie da so sicher, die paar Laborwerte?"

„Nicht nur. Auch Ihr Blutdruck – vorbildlich. Wenn Sie möchten, können wir ihn gleich noch mal überprüfen."

„Wenn es keine Umstände bereitet!", knurrte der wunderliche Kauz.

Doktor Vogel legte in geübten Handgriffen die Manschette um Semmlers linken Oberarm und startete die Messung. „Fantastisch, wirklich fantastisch", jubelte der Arzt. „Würde ich es nicht mit eigenen Augen sehen, ich würde es nicht glauben."

„Sie machen mir Angst, Herr Doktor."

„Ihr Blutdruck könnte besser nicht sein. 125 zu 80, das ist ein Spitzenwert. Herr Semmler, Sie sind fitter als manch 50-Jähriger."

„Und mein Puls?"

Doktor Vogel schnappte sich Semmlers rechtes

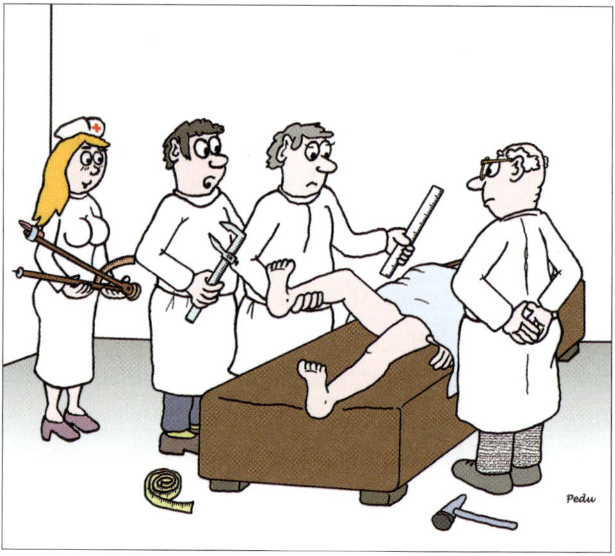

„Wir schieben ihn rüber zur Pathologie, die kommen stets zu den korrektesten Diagnosen!"

Handgelenk und blickte kurz auf seine Uhr: „Wahnsinn! 72 Schläge pro Minute."

„So wenig!"

„Für Erwachsene ein ganz normaler Ruhepuls."

„Herr Doktor, reden Sie Klartext! Wie steht es um mich?"

„Könnte besser nicht sein. Wirklich. Sie strotzen nur so vor Gesundheit. Wahrscheinlich wegen Ihres gesunden Lebensstils. Rauchen Sie?"

„NEIN!"

„Und Alkohol?"

„Herr Doktor, ich bin doch nicht lebensmüde."

„Ehrlich? Nicht hin und wieder mal ein Kräuterschnäpschen?"

„Nur Kräutertee."

„Und Frauen, wie steht es damit?"

„Junggeselle. Gegen mich ist der Papst der reinste Casanova."

„Leiden Sie unter Erektionsschwäche?"

„Über solche Dinge rede ich nur ungern. Aber mal so gesagt: Ich würde nicht mehr zu einer Stehparty gehen."

„Treiben Sie Sport?"

„Jeden Morgen eine viertel Stunde Gymnastik. Zweimal in der Woche Reha-Sport. Außerdem fahre ich sehr viel Rad und ich gehe schwimmen."

„Wie jetzt? Gehen oder Schwimmen?"

„Beides."

Doktor Vogel, damals noch leicht übergewichtig – obwohl das in sich ein Widerspruch ist – lehnte sich entspannt zurück und resümierte mit anerkennender Stimme: „Dann wundert mich Ihre körperliche Konstitution überhaupt nicht. Herr Semmler, Sie sind kerngesund. Ich denke, Sie werden einmal locker die Neunzig schaffen."

Enttäuscht schüttelte der Patient den Kopf und schniefte wütend: „Herr Doktor, ich bin bereits einundneunzig!"

„Sehen Sie! Auf meine Diagnosen ist Verlass."

Gemeinsam sind wir schwach

Männer gehen, das ist allgemein bekannt, nur äußerst ungern zu Ärzten. Es sei denn, sie sind hypochondrisch veranlagt, also die Männer, nicht die Ärzte. Ich spreche da aus Erfahrung, denn ich selbst bin so ein hochsensibles Exemplar. Gegen meinen Nachbarn allerdings bin ich ein Waisenknabe. Felix ist das Premiummodell eines Hypochonders. Während ich es auf läppische drei, vier Arztbesuche im Monat bringe, schafft er das locker in der Woche. Der schwächste Hustenreiz, eine Warze im Frühstadium, eine entzündete Nasenhaarwurzel, eine harmlose Hautrötung oder ein stotternder Harnstrahl treiben ihn ins Reich des Medikus, beziehungsweise, da Felix Ärzte mit interdisziplinärer Vorgehensweise schätzt, der Mediküsse.

So weit, so schlecht! Denn in Zeiten akuten Fachkräftemangels beträgt die durchschnittliche Verweildauer in der stickigen Atemluft eines deutschen Wartezimmers, einer Mischung aus Wundnässe, Franzbranntwein und getrocknetem Alturin, mindestens zwei Stunden – mit Termin. In der Notaufnahme von Krankenhäusern wird die Wartezeit statistisch schon nicht mehr erfasst. Akutpatienten wird dringend geraten, sich im Wartebereich nicht in die Nähe von Zimmerpflanzen zu setzen, um nicht von dort beheimateten Spinnen eingewebt zu werden.

Wenn der Hypochonder aber eines nicht leiden kann, dann ist das dieses qualvolle Warten – warten auf den erlösenden Aufruf durch den knarzenden Zimmerlautsprecher. Während dieser schier endlosen Zeit stumpfsinnigen Vor-sich-hin-Dösens leidet der Hypochonder an inneren Panikattacken, an kräfterau-

„Nun schießen Sie doch endlich, ich brauche eh dringend einen Arzttermin!"

benden Wahnvorstellungen, es nicht mehr rechtzeitig bis zum Doktor zu schaffen. Und dann lässt die vom Schicksal so arg gebeutelte Kreatur ihren entsetzten

Blick schweifen. Die gesellschaftliche Alterspyramide schlägt auch hier erbarmungslos zu, denn ausnahmslos BfA-Leistungsempfänger, ausrangierte EU-Rentner und frühpensionierte Beamte hocken auf den unbequemen Hartplastikstühlen, die zusätzlich für Hüft- und Rückenbeschwerden sorgen und die Entstehung von Breitärschen fördern. Hass lodert im medizinisch geschulten Hypochonder auf, denn er sieht sich als wichtigsten Patienten, dem stets Vorrang gebühren sollte. Stattdessen sitzt er eingepfercht zwischen graugelockten Pantern, die unmodische Stützstrümpfe, Schuhe mit orthopädischen Einlagen oder einen Kropf tragen, und die pfeifend wie ein Wasserkocher infektiöse Atemluft in die Wartegemeinschaft hauchen.

„Da muss sich was ändern!“, stöhnte Felix. „Ich saß heute über drei Stunden im Wartezimmer von Dr. Süßholz. Grauenvoll. Einfach grauenvoll.“

„Was wolltest du denn bei einem Diabetologen?“

„Ich glaube, ich bin zuckerkrank.“

„Was macht dich da so sicher?“

„Mein Urin ist dunkelgelb, wie Waldhonig.“

„Und hat er was festgestellt?“

„Noch nichts. Der Langzeitwert war im Normbereich.“

„Felix, dann bist du, was Diabetes betrifft, kerngesund!“

„So schnell gebe ich nicht auf. Nächste Woche soll ich zum Zuckertest kommen, und du wirst mich begleiten. Ich will nicht noch einmal so lange ausharren müssen."

„Glaubst du, wenn ich mitkomme, geht's schneller?"

„Durchaus. Ich habe einen Plan", berichtete Felix schelmisch grinsend wie einst Egon Olsen, Bandenchef der durch dänische Kinofilme berühmten Straßengang.

Eine Woche später setzten wir seinen kühnen Plan in die Tat um, und ich musste hinterher zugeben, der hatte was. Auch mich störten diese quälend langen Wartezeiten, sodass ich in sein Vorhaben einwilligte. Denn bei Erfolg, versprach mir Felix, würde er mich ebenfalls zu meinen Arztterminen begleiten.

Wir betraten zeitversetzt die Praxis, ich als Erster. Da ich als Diabetiker bei Dr. Schönfelder in Behandlung bin, kannten mich Dr. Süßholz' Schwestern nicht, und es war ein Klacks, unbemerkt am Tresen vorbeizukommen. Der Warteraum war brechend voll. Ich presste mich auf einen der letzten freien Stühle zwischen einen hageren Alten mit großflächiger Schuppenflechte und eine übergewichtige Sechzigjährige, die im Gesicht triefte wie eine Fußballersocke nach dem Elfmeterschießen. Vom Lesetisch hatte ich mir das DIABETES-JOURNAL geangelt und vertiefte mich in die Lektüre.

„Ja glaub ich's denn?", hörte ich plötzlich Felix' Stimme. „Der Uwe. Mein Gott, wie viele Jahre haben wir uns nicht gesehen?"

In einen interessanten Artikel vertieft, hatte ich das

Eintreten meines Nachbarn gar nicht bemerkt. Ich musste blitzartig umschalten, was mir problemlos gelang.

„Fünfzehn Jährchen könnten's schon sein. Wie geht's dir?"

„Schlecht, sehr schlecht. Was glaubst du, warum ich hier bin?", spielte Felix seine Rolle als unheilbar Kranker weiter, wobei er noch immer vor mir stand, da inzwischen alle Sitzgelegenheiten okkupiert waren.

„Erzähl mal!", forderte ich ihn gemäß unserer Absprache auf, sein trauriges Schicksal auszubreiten wie einen Gebetsteppich.

„Ich habe mir die malaysische Pankreatitis eingefangen. Hochgradig ansteckend, sag ich dir. Dagegen ist Ebola eine harmlose Kinderkrankheit."

Die ersten Plätze wurden frei. Auch die Dicke neben mir verließ schniefend den Raum. Kraftlos ließ sich Felix auf ihren Stuhl plumpsen.

„Felix, du machst ja Sachen. Wo hast du dich denn angesteckt?"

„In Asien, letzten Winter. Ist 'ne heimtückische Viruserkrankung. Die kleinen Mistviecher knabbern dir regelrecht die Bauchspeicheldrüse weg." Weitere Patienten verließen den Wartebereich und taten, als hätten sie zu Hause etwas vergessen.

„Das tut mir aber leid", heuchelte ich mitleidig. „Hast du Schmerzen?"

„Solche Schmerzen kannst du dir nicht vorstellen.

Ich muss Morphium spritzen." Wieder lichteten sich die Reihen.

Da nach den Arztaufrufen immer häufiger der Eintritt eines Patienten ins Sprechzimmer ausblieb, verkürzte sich der Takt.

„Aber was willst du bei einem Diabetologen? Wäre doch eher eine Sache fürs Tropeninstitut?"

„Ja, schon. Dort bin ich ja auch in Behandlung. Aber ich brauche Insulin, sonst sterbe ich noch früher." Ein älteres Ehepaar vom Typ Seniorenbusreise erhob sich diskret und verschwand.

„Und das soll wirklich so ansteckend sein?"

„Eine leichte Berührung, ein wenig meiner infektiösen Atemluft, ja selbst ein kurzer Augenkontakt reichen und dich hat's erwischt." Fluchtartig verließ die letzte Patientin den Ort des Grauens.

Keine vier, fünf Minuten später erschallte Felix' Aufruf. Und, wie sich herausstellte: Felix war nicht zuckerkrank, wir aber hatten einen Weg gefunden, die Wartezeit drastisch zu verkürzen.

Von nun an waren uns Arztbesuche mit gegenseitigem Beistand zur Herzenssache und zu einem erfüllenden Lebensinhalt geworden. Wir erfanden nicht nur furchteinflößende Krankheiten, wir dachten uns auch allerlei Blödsinn aus, womit wir die Patienten aus den Wartezimmern vertrieben wie Kleinkinder aus einer Horrorvorstellung. Unverblümt beichteten wir uns gegenseitig unsere erfundenen Symptome und prahlten mit medizinischen Begriffen, wie Harnröhrenverengung mit tröpfelndem Urinabgang, fokale Sepsis, perniziöse Anämie, pränatal ausgelöste Zuckungen, siamesische Vorhautentzündung, periphere Hodenkrämpfe oder gestresster Reizdarm mit unkontrollierten Abgängen. Der gigantische Erfolg gab uns Recht. Aber wo Erfolg ist, lauern Neid, Hass und Verachtung. Im Lokalteil der Leipziger Volkszeitung wurden wir in einem aufschlussreichen Artikel erwähnt und von der Redakteurin als Hypochondrische Zwillinge tituliert. Es war also nur noch eine Frage der Zeit, bis unsere Vertreibungstaktik auffliegen würde.

Mit einem verstauchten Knöchel, er könnte auch gebrochen sein, betrat ich ungefähr ein halbes Jahr nach unserer ersten spektakulären Aktion das Wartezimmer meines Orthopäden Dr. Ungelenk. Und wer sitzt unter den stöhnenden und schniefenden Kranken? Felix, mein Nachbar.

„Ja glaub ich's denn?“, rief ich. „Der Felix. Mein Gott, wie viele Jahre haben wir uns nicht gesehen?“

Felix las gedankenversunken in einer Zeitung und hatte mein Eintreten gar nicht bemerkt. Er musste blitzartig umschalten, was ihm problemlos gelang.

„Fünfzehn Jährchen, würd' ich sagen. Wie geht's dir?“

„Schlecht, sehr schlecht. Was glaubst du, warum ich hier bin?“, spielte ich meine Rolle als unheilbar Kranker weiter, wobei ich noch immer vor ihm stand, da alle zehn für unbestellte Notfallpatienten reservierten Stühle besetzt waren. Keinen weiteren Patienten nahm der Doktor mehr dran. Hippokratischer Eid hin oder her.

„Was haste denn gemacht?"

„Knöchel verstaucht oder gebrochen – nehme ich an."

„Und da machst du hier so einen Aufriss?"

„Ist der kranke Fuß. Wenn der jetzt eingegipst wird, weiß ich nicht, wie ich den Juckreiz aushalten soll."

„Was denn für einen Juckreiz", plärrte Felix, wobei er das Wort Juckreiz betont laut aussprach, um auch bei den weiter entfernt sitzenden Patienten keine Informationslücke zu hinterlassen.

„Mich plagt eine aggressive Onychomykose, eine hochansteckende Pilzerkrankung im Nagelbett. Willste mal sehen?", fragte ich und hatte schon meinen Fuß auf die Armlehne zwischen Felix und einer reiferen Dame vom Typ Grundschullehrerin gewuchtet.

„Ja, zeig mal her!", ermunterte mich Felix, woraufhin die Pädagogin fluchtartig aus der Praxis stürzte. Um die Dramatik zu steigern, streifte ich die Socke vollständig ab, woraufhin andere Patienten angewidert ihre Köpfe wegdrehten.

„Ach du Scheiße, das sieht ja echt schlimm aus", schrie Felix bestürzt auf. „Und das soll ansteckend sein?"

„Voll die Seuche", bestätigte ich, und bevor ich mir

den Strumpf wieder übern Fuß zog, schüttelte ich ihn wie ein Staubtuch mitten im Raum aus. Mehrere Patienten flüchteten humpelnd zum Ausgang.

„War das ihr Patient, Kollege Professor?"

Um auch noch die Letzten zu vertreiben, gingen wir zum Frontalangriff über. „Sag mal, bist du wegen deiner Flossen in Behandlung?“

„Na logisch, aber bisher hat noch kein Medikament angeschlagen.“

„Ist ja furchtbar."

„Ach, nicht weiter schlimm. Dank des Internets habe ich jetzt ein homöopathisches Heilverfahren gefunden: Urintherapie."

Felix blickte mich entsetzt an, wie auch die letzten drei Hardliner. „Du trinkst deine eigene Pisse?"

„Und die von der ganzen Familie. Hilft übrigens gegen viele Krankheiten. Und schmeckt nicht mal schlecht", erklärte ich und zog eine Trinkflasche mit einer gelblichen Flüssigkeit aus dem Rucksack. Ich entfernte den Schraubverschluss und sagte: „Willste mal 'nen Schluck?"

Angewidert schlug mir Felix die randvolle Flasche mit ungesüßtem Salbeitee aus der Hand, sodass die übrig gebliebenen Patienten mehr oder weniger vollgespritzt wurden. Nun hatten auch sie das Weite gesucht und gefunden. Wir waren allein, endlich. Gleich würde der Aufruf: „Der Nächste, bitte!" erschallen, und ich könnte mit stolzerhobenem Haupt ins Arztzimmer marschieren.

Stattdessen kam eine Schwester aus dem Röntgenzimmer und sagte zu uns: „Herr Dr. Ungelenk hat eben angerufen. Er ist heute verhindert. Sie sollen morgen wiederkommen!"

Bitter wie mein Salbeitee schlichen wir enttäuscht davon. Unsere Aktion, die sich einmal mehr bewährt hatte, war letztendlich ins Leere gelaufen. Am nächsten Morgen, das war uns klar, könnten wir die gleiche Show nicht noch einmal abziehen. Jetzt konnte ich nur noch auf meine Selbstheilungskräfte hoffen.

Als wir im Auto saßen, fragte mich Felix: „Sag mal, hast du nicht deine Trinkflasche vergessen?"

„Ja, klar. Warte hier auf mich, ich hole sie."

Als ich ins Wartezimmer zurückkam, erlitt ich einen Schock. Alle vertriebenen Patienten saßen wieder auf ihren Stühlen.

Im Darm ist es noch warm

Es gibt Angebote, die kann man als freiberuflicher Autor einfach nicht ablehnen. Moral hin oder her! Vor einiger Zeit klingelte das Telefon. Die Stimme einer jungen, sprachgewandten und offensichtlich gut ausgebildeten Dame um die Dreißig säuselte durchs Glasfasernetz. Sie stellte sich als Ressortleiterin einer überregionalen Gesundheitszeitung vor und erklärte, dass man dringend einen freien Mitarbeiter zur Beantwortung von Leserbriefen benötigen würde.

„Ihre Anfrage ehrt mich", sträubte ich mich dezent, vielleicht ließ sich die Gage noch etwas hochschrauben, „aber wie kommen Sie gerade auf mich?"

„Wir suchen jemanden mit medizinischem Grundwissen, eigenen leidvollen Erfahrungen und der es versteht, unsere Leserinnen und Leser mit Humor aufzumuntern."

„Schön und gut. Trotzdem haben Sie meine Frage nicht beantwortet."

„Welche Frage?"

„Na, wie Sie auf mich gekommen sind?"

„Wir kennen und schätzen Ihre satirischen Arzt- und Patientenbücher und haben von Ihren brillanten Veranstaltungen gehört. Einen geeigneteren Kandidaten können wir uns nicht vorstellen."

„Moment! Was ist mit Eckart von Hirschhausen?"

„Glauben Sie, der lässt sich allen Ernstes erniedrigen, Leserbriefe zu beantworten. Eckart schreibt Kolumnen, übrigens nicht die schlechtesten."

Als sie endlich auf die Höhe der Gage zu sprechen kam, willigte ich sofort ein. Ich wäre ja bescheuert, für so ein paar lumpige Zeilen ein monatliches Festeinkommen abzulehnen. Dafür müssen andere einen Monat hart arbeiten. Und ich hatte lediglich aller vierzehn Tage drei Leserbriefe zu beantworten. Welche, überließ man mir. Es gab nur zwei Bedingungen: Die von Leserinnen und Lesern beschriebenen Symptome durften sich in einem Heft nicht wiederholen und in meinen Antworten sollten Werbebotschaften frei verkäuflicher und preisintensiver Medikamente gut versteckt sein. Klar, die ganze Sache musste sich ja irgendwie rechnen.

Ein paar Tage später klingelte der Postbote und drückte mir ein verdammt schweres Paket mit Leserbriefen in die Hände. Als ich bereits die Tür schließen wollte, rief er: „Halt, davon habe ich noch zwei Stück!"

Wahnsinn! Worauf hatte ich mich da nur eingelassen. Und überhaupt, wieso kommunizieren die Leute nicht per E-Mail? Dieser Gedanke unterlag einem Irrtum! Als ich meinen digitalen Briefkasten über Outlook öffnete, ratterten eingehende Mails wie die Kugeln durch den Lauf einer Schnellfeuerwaffe. 1.287 ungelesene Nachrichten, dazu dreißig Kilo analoge Post.

Die alle zu lesen würde Monate dauern. Aber schon in zwei Wochen würde die nächste Leserbriefflut über mich hereinschwappen.

Halt! Der Vertrag mit dem Gesundheitsjournal verpflichtete mich lediglich zur Beantwortung von drei Leserzuschriften. Alle zu lesen wurde explizit nicht verlangt. Ich beschloss, mich sofort in die Arbeit zu stürzen und angelte mir wahllos den ersten Brief heraus:

Hans-Dieter L. (72, Name geändert) aus Dorsten fragt: Liebes Gesundheitsteam, seit einiger Zeit leide ich unter akuten Schwindelattacken. Bereits nach dem zweiten Bier beginnt sich alles um mich herum zu drehen. Meiner Frau traue ich nicht die Wahrheit zu sagen. Bitte helfen Sie mir! Ich bin völlig verzweifelt. Glauben Sie, ich leide unter einer Alkohol-Intoleranz?

„Lieber Hans-Dieter, wer wird denn gleich den Teufel an die Wand pinkeln? Nun setzen Sie sich erst einmal in Ruhe auf Ihren Lieblingsplatz, öffnen eine Flasche Pils und nehmen einen kräftigen Schluck. Und dann lesen Sie, was ich Ihnen zu sagen habe: Deutschland kann auf eine über fünfhundertjährige Brautradition zurückblicken. Bier ist ein Kulturgut. Hätte es die von Ihnen beschriebenen negativen Nebenwirkungen, würde es ja heißen: Kulturschlecht. Also, keine Sorge:

Ein Bier in Ehren wird Ihnen keiner verwehren! Bier zählt nicht umsonst zu den Grundnahrungsmitteln, wenn nicht gar zu den homöopathischen Medikamenten. Ihre Bedenken kann ich also in Richtung Alkohol voll und ganz ausschließen. Natürlich sieht keiner, wenn Sie Durst haben, aber alle sehen, wenn Sie betrunken sind. Vor allem Ihre Frau. Hier beginnt nämlich das eigentliche Problem: Sie kommen zu später Stunde froh gelaunt aus Ihrer Kneipe und stehen plötzlich vor einem gut durchbluteten Problem: Ihrer Frau! Hysterisch schreiend verlangt sie eine Erklärung. Die Wahrheit können Sie ihr unter keinen Umständen beichten, zumal verwischte Lippenstiftreste an Ihrem Hemdkragen kleben. Blitzartig schaltet Ihr Gehirn um auf eine akute Notsituation und schon setzen die Schwindelattacken ein.

Schwindelbeschwerden sind also nicht nur unangenehm, sondern äußerst heimtückisch. Oftmals stecken beschädigte Nervenleitungen dahinter. Stellen Sie sich das menschliche Nervensystem als eine Art Netz elektrischer Leitungen vor, die nach Jahren des reibungs- und fehlerlosen Betriebs brüchig geworden sind wie der bröckelnde Putz eines Gründerzeithauses. Spannungsverluste drohen, sprich Gleichgewichtsinformationen werden auf ihrem Weg behindert. Zum Glück gibt es eine erstklassige Lösung: Taumea *(rezeptfrei in jeder Apotheke)*! Ob als Tropfen oder in Tablettenform, es repariert dank seiner doppelten Wirkstoffkombination die Risse und Löcher in den Nervenleitungen. Bereits nach kurzer Einnahme verspüren Patienten erste positive Effekte. Das Schwindeln fällt Ihnen wieder leichter und schon nach einer Woche lügen Sie wie gedruckt.

Allerdings: Ihr Grundproblem besteht weiterhin. Deshalb mein letzter Rat, Ihre Beschwerden endgültig loszuwerden: Werden Sie Ihre Frau los! Suchen Sie sich eine andere Braut, am besten die Tochter eines Brauers, und werden Sie glücklich mit Ihrer neuen Angebrauten."

Schwuppdiwupp – schon hatte ich den ersten Leserbrief beantwortet. Ich las ihn noch einmal durch und musste neidlos feststellen: Ich bin ein Profi. Doch der nächste Brief hatte es in sich:

Angela K. (57, Name geändert) aus Rückenhain bei Dresden fragt: Liebe Gesundheitsfachleute, schon seit Jahren leide ich immer wieder unter akuten Rückenbeschwerden. Es gibt Tage, da spüre ich sie nur ganz wenig. Aber dann schlagen sie wieder voll durch und behindern mich im Alltag. Ich habe schon viel ausprobiert, doch bisher fand ich einfach kein Patentrezept. Mittlerweile fühle ich mich arg eingeschränkt in meiner Lebensqualität. Deshalb meine Frage und meine letzte Hoffnung an Sie: Hätten Sie eine Alternative, die wirklich effektiv gegen meine ständigen Rückenschmerzen hilft?

„Liebe Angela, Sie beschreiben einen physischen Zustand, den Sie mit Millionen von Patienten teilen. Wer den ganzen Arbeitstag vor einem widerlichen und meist cholerischen Chef buckeln muss, bekommt eines Tages die volle Rache seines Rückens zu spüren. Was ich damit sagen möchte: Sie sind nicht allein. Der Beschwerdeverlauf ist völlig normal, wenn man bei Schmerzen von normal sprechen kann. Gerade die am oder auf dem Rücken sind besonders lästige Plagegeister im Alltag, und vor allem tun sie weh. Selbst kirchliche Würdenträger klagen hin und wieder über Rückenbeschwerden. Bei ihnen spricht man dann aber von Kreuzschmerzen!

Ich selbst habe vor Jahren mit akuten Rückenschmerzen zu kämpfen gehabt. Besonders beim Bücken zog's im Rücken. Viele Hausarbeiten konnte ich nun nicht mehr erledigen, wobei mich meine Frau für einen Simulanten hielt. Natürlich habe ich die Situation auch ausgenutzt. Welcher Mann wischt schon gern die Treppe oder räumt den Geschirrspüler aus? Dafür sind doch Frauen schon anatomisch besser geeignet. Warum, glauben Sie, hat Ihnen die Evolution zwei Ausgleichsgewichte im Brustbereich wachsen lassen?

Rückenschmerzen werden häufig durch Entzündungen ausgelöst. Das war bei mir damals nicht anders, und in Rubax, einem frei verkäuflichen Medikament, fand ich Linderung und schließlich Erlösung. In Rubax steckt ein stark schmerzlindernder Wirkstoff. Fragen

Sie unbedingt Ihren Apotheker nach diesem Wundermittel! Vielen Betroffenen hat es geholfen, in ein völlig beschwerdefreies Leben zurückzufinden.

Und glauben Sie nicht diesem Schwachsinn des Volksmundes, der da behauptet: Wenn's hinten wehtut, sollte man vorne aufhören! Im Gegenteil, eine konservative Behandlung kann sehr unterstützend wirken. Lassen Sie sich von Ihrem Mann mal wieder richtig aufs Kreuz legen! Natürlich nur aus Therapiegründen! So manch blockierter Wirbel fand beim heftigen Liebesspiel in seine anatomisch angestammte Position zurück. Und wenn das alles nicht helfen sollte, ziehen Sie um, am besten nach Berlin in den Ortsteil Gesundbrunnen!"

Puh, das war geschafft und bis zum Mittagessen blieb mir noch ausreichend Zeit für den nächsten und vorerst letzten Brief. Ich zog zwei Umschläge heraus, die ich nacheinander las und feststellte, dass sie sich inhaltlich sehr ähnelten. Hier hatten zwei Patienten dasselbe Problem, auch geografisch, denn sie kamen aus Pforzheim und Darmstadt.

Günther H. (68, Name geändert) und Mechthild G. (63, Name geändert) fragen: Liebe Gesundheitsredaktion, seit Monaten plagen mich Verdauungsbeschwerden. Immer wieder leide ich unter Durchfall und Bauchkrämpfen. Und dann diese fürchterlichen

Blähungen, die mich immer wieder in peinliche Situationen bringen. Erst letztens, als ich zu einer Rückenmassage bäuchlings auf der Pritsche lag und durch den harten Griff des Masseurs mir immer wieder starke Winde entwichen. Ich war auch schon bei mehreren Ärzten. Ohne Erfolg! Im Gegenteil, ich hatte sogar den Eindruck, nicht ernst genommen zu werden. Aber ich bilde mir doch meine Beschwerden nicht ein. Deshalb habe ich letztens beim Doktor eine so gewaltige Granate platzen lassen, dass der mich aus seiner Praxis geschmissen hat. Ich weiß mir wirklich keinen anderen Rat mehr. Hoffentlich können Sie mir helfen!

„Liebe Mechthild, bravo, das ist die Sprache, die die Ärzte verstehen. Nicht nur um den heißen Brei herumreden, sondern Farbe bekennen, das Problem auf den Tisch packen oder wie Sie es getan haben, mal ordentlich Dampf ablassen.

Doch nun zu Ihrem Problem: Alles deutet darauf hin, dass es sich bei Ihnen um einen reizenden Reizdarm handelt, hierzulande die häufigste Erkrankung des Verdauungstrakts. Doch ausgerechnet das Reizdarmsyndrom wird von Ärzten nur äußerst selten diagnostiziert, und das ist gelinde gesagt: beschissen! Zum Leidwesen der Patienten wird der Reizdarm oft als harmlose Störung fehlinterpretiert, als würde es sich um eine entzündete Talgdrüse handeln.

Mit dem Schicksal, dass Ihre Ärzte keine brauchbare Diagnose finden, Sie vielleicht sogar als Simulantin abstempeln, sind Sie nicht allein. Durch die von Krankenkassen knapp kalkulierte Zeit zur medizinischen Fehleranalyse können Ärzte einer Sache nicht gründlich genug auf den Grund gehen. Da heißt es oft ganz lapidar: ‚Verzichten Sie auf blähende Nahrungsmittel!‘ oder ‚Trinken Sie Baldriantee!‘

Hören Sie nicht auf solchen Schwachsinn! Verzichten Sie auch auf die zahlreichen Ratgeber, die unsere

„Pardon, leiden Sie auch unter Blähungen?"
„Klar, Jüngelchen, oder denkst du, ich rieche immer so!"

heimische Verlagsindustrie in die Buchläden spült. Bücher wie ‚Darm mit Charme', ‚Dieses Kribbeln im Schlauch' oder ‚Im Darm ist es noch warm' führen Patienten nicht nur in die Irre, sondern oft ins Irrenhaus. Vertrauen Sie lieber auf Kijimea Reizdarm *(rezeptfrei in jeder Apotheke)*!

Neueste Forschungsergebnisse legen nämlich nahe, dass ein Reizdarm durch Mikroentzündungen an der Darmwand ausgelöst wird. Verantwortlich für diese heimtückischen Entzündungen ist ein einzigartiger Bifido-Bakterienstamm. In einer klinischen Studie konnten Wissenschaftler der Universität Mailand beweisen, dass sich Kijimea Reizdarm Kapseln besonders effizient gegen diesen Bakterienstamm erweisen. Schon innerhalb weniger Wochen ließen die typischen Beschwerden wie Durchfall, Blähungen oder auch Verstopfungen nach. In vielen Fällen gelangten Patienten bis zur völligen Beschwerdefreiheit.

Und zum Abschluss noch ein kleiner Tipp von mir und meinem Illustrator *(Klarnamen und Bankdaten sind dem Verlag bekannt)*: Fragen Sie ruhig mal in Ihrer Apotheke nach *Pupsanol*!

Denn nur mit Pupsanol,
fühlst Du Dich wieder wohl!"

Noch mehr Satirekunst von Publikumsliebling U. S. Levin

Kuriose Missgeschicke, die Frage nach Liebesleben im Alter oder merkwürdige Alltagsgeschichten – egal, ob Kinder oder hochbetagte Menschen, ob Gauner oder Polizisten, Patienten oder Ärzte – U. S. Levin stöbert sie alle auf und bringt ihre oft wahnsinnigen und aberwitzigen Geschichten mit spitzer Feder aufs Papier. Und: Die zauberhaften Karikaturen von Peter Dunsch setzen noch einen herzhaften Lacher obendrauf.

Satieren aus dem Ehebett

2. Auflage
144 Seiten · gebunden
Farbabbildungen
ISBN 978-3-96311-003-0

Satieren aus dem Eheleben

144 Seiten · gebunden
Farbabbildungen
ISBN 978-3-95462-536-9

Skurrile Geschichten und abgefahrene Glossen

160 Seiten · Broschur
Farbabbildungen
ISBN 978-3-95462-536-9

Über die Schwierigkeiten eines Neuanfangs

Kinderbuch
8–12 Jahre

Mit Illustrationen
von Ralf Alex Fichtner

160 Seiten · Broschur
Farbabbildungen
ISBN 978-3-95462-644-1

Peter Dunschs Karikaturen aus fünf Jahrzehnten

Der Karikaturist Peter Dunsch alias Pedu ist nicht nur seit Jahrzehnten im Geschäft, sondern ebenso lange aktiv mit der Feuerwehr verbunden. Kein Wunder also, dass er hier immer wieder Anregungen zu humorvollen Zeichnungen gefunden hat, von denen dieser Band eine Auswahl aus fünf Jahrzehnten enthält. Die hier präsentierten unerwarteten Einblicke in das Feuerlöschwesen und seine Entwicklung von den Tagen in der DDR bis in die Gegenwart sind ein ideales Geschenk für alle, die schon mal brenzlige Situationen gemeistert haben, vielleicht selbst in einer Feuerwehr Dienst tun oder einfach nur gerne lachen.

Mit einem Vorwort
von Kurt Fricke

160 Seiten · Broschur
Farbabbildungen
ISBN 978-3-95462-944-2